はじめての
TypeScript2
タイプスクリプト

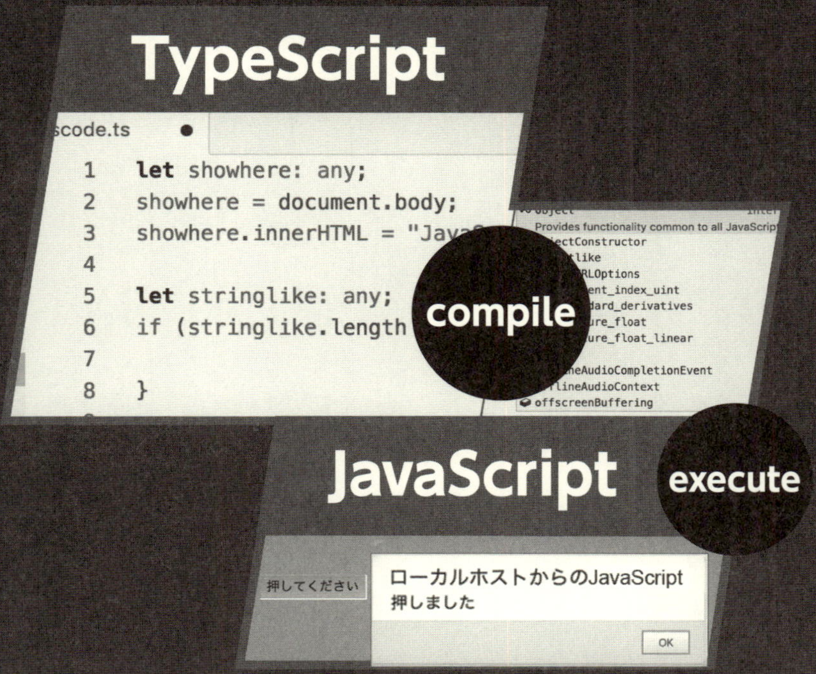

はじめに

　「TypeScript」は、米Microsoftによって開発された「JavaScriptベース」の言語です。

　「JavaScript」に「型付け」「インターフェイス」「クラス」「インスタンス」など大規模開発向けの仕様を加えつつ、「JavaScript」も併記できます。
　そのため、新しく覚えなければならない仕様は少なく、その少ない仕様を駆使して、JavaScriptに「オブジェクト指向的表現」を加える工夫を、各自が自由にできるのが面白いところです。

　「TypeScript」がはじめて公開されたのは2012年。その後、順調にバージョンアップを重ね、2016年には「TypeScript2」が公開されています。

*

　「TypeScript」のソースコードは、コンパイルして「JavaScript」に変換しなければなりません。しかし、同じくMicrosoftが最近提供しているプログラミング用テキストエディタ「Visual Stuido Code」を使えば、コードの作成からコンパイルまで、効率的にできます。
　工学社のホームページからダウンロードできる、本書の「サンプル・プログラム」も、「Visual Studio Code」で読み込んで使える「プロジェクト・フォルダ」の形式になっています。

*

　本書で、簡単なサンプルのプログラムを作りながら「TypeScript」の使い方を学んでいきましょう。そして、「TypeScript」の世界に飛び込んでみましょう。

清水　美樹

はじめての TypeScript 2

CONTENTS

はじめに ……………………………………………………………………………… 3
動作環境について …………………………………………………………………… 6
「サンプル・プログラム」のダウンロード ……………………………………… 6

第1章　「TypeScript」をはじめよう

[1-1] 「TypeScript」とは ……………………………………………………… 8
[1-2] 「TypeScript」の実行環境 …………………………………………… 11

第2章　「VSCode」で「TypeScript」

[2-1] プロジェクト・フォルダ ………………………………………………… 16
[2-2] 最初の「TypeScript」………………………………………………… 21
[2-3] 「TypeScript」を「JavaScript」に変換 ………………………… 26
[2-4] 「TypeScript」のプロジェクトを再利用 …………………………… 29
[2-5] 作られた「JavaScript」……………………………………………… 30

第3章　「変数」と「データ型」

[3-1] 「変数」の宣言 …………………………………………………………… 32
[3-2] 基本のデータ型（単独型）…………………………………………… 35
[3-3] 　　　　　　　　（集合型）…………………………………………… 44
[3-4] 　　　　　　　　（不定型）…………………………………………… 51

第4章　「インターフェイス」と「クラス」

[4-1] インターフェイス ………………………………………………………… 58
[4-2] クラス ……………………………………………………………………… 64

CONTENTS

第5章	「関数」と「クラス」「インターフェイス」
[5-1]	「関数」の基本 …………………………………………………………… 80
[5-2]	値としての「関数」 ……………………………………………………… 85

第6章	一歩進んだ「TypeScript」
[6-1]	オプショナル …………………………………………………………… 96
[6-2]	ジェネリック …………………………………………………………… 103
[6-3]	「データ型」の面白い仕様 ……………………………………………… 109

第7章	「TypeScript」でWebアプリ
[7-1]	「ボタン・クリック」で応答 …………………………………………… 116
[7-2]	テーブル ………………………………………………………………… 128
[7-3]	一覧から選択 …………………………………………………………… 132
[7-4]	「スタイル」と「アニメーション」 …………………………………… 140
[7-5]	「キャンバス」への2D描画 …………………………………………… 152

第8章	別の「TypeScript」ファイルを参照
[8-1]	ファイルを直接参照する ………………………………………………… 166
[8-2]	「モジュール」にする …………………………………………………… 169

索引 ……………………………………………………………………………… 173

動作環境について

本書執筆時の「TypeScript」のバージョンは「2.1」、「Visual Studio Code」は「1.8」です。

「TypeScript」は Windows、Mac、Linux などで利用できます。
また、本書では「Visual Studio」の操作方法については、Windows 上のものを説明していますが、「Ctrl キー」を「Command キー」に置き換えることで Mac でも同様に操作できます。

「サンプル・プログラム」のダウンロード

本書の「サンプル・プログラム」は、工学社ホームページのサポートコーナーからダウンロードできます。

＜工学社ホームページ＞
http://www.kohgakusha.co.jp/support.html

ダウンロードしたファイルを解凍するには、下記のパスワードを入力してください。

9NyExLdZmTRo

すべて「半角」で、「大文字」「小文字」を間違えないように入力してください。

●その他各製品名は、一般的に各社の登録商標または商標ですが、®および TM は省略しています。

「TypeScript」をはじめよう

「JavaScript」を何らかの形で「改良」した言語は多いのですが、なかでも「TypeScript」が注目されるのは、Microsoftが開発している言語だからです。
その特徴を簡単に紹介し、「Visual Studio Code」を用いて「TypeScript」をはじめる準備について解説します。

第1章 「TypeScript」をはじめよう

1-1 「TypeScript」とは

■ コンパイルして「JavaScript」になる

●Microsoftが開発した言語

「TypeScript」は、Microsoftが2012年から開発している言語です。

同社の提供する開発環境のユーザーから、「JavaScriptのこれまでの仕様では大規模開発は難しい」という意見がありました。

そこで、以下の手順でJavaScriptプログラムを作れるようにしました。

---

①「C#」などの大規模開発用言語に近い仕様でソースコードを書く。
②コンパイルすると、「JavaScript」になる。

その「大規模開発用言語に近い言語仕様」が、「TypeScript」になります。

●「スクリプト」と逆の考え

「TypeScript」は、他の多くの「スクリプト言語」と逆の考え方をもちます。

これまで登場してきた「スクリプト言語」では、従来の言語の書き方を短くしたり、禁止事項を撤廃して、「書きやすさ」を追求しています。

しかし、「TypeScript」では、実行エラー防止のために、むしろ記法の省略や紛らわしい表現を禁じています。

*

次ページリスト1-1は、次章以降で解説する、最初の「TypeScript」プログラムです。

「コンストラクタ」をもつクラスが定義できます。

一方で、「string」という型宣言や「this」キーワードの表記は必須とされています。

また、変数の宣言には、汎用的な「var」より、ローカル変数であることを示す「let」を用いることが推奨されます。

このように、元のJavaScriptよりも面倒に思える規則があります。

しかし、コードが大規模に長くなったとき、これらの規則が混乱を防いでくれるのです。

[1-1] 「TypeScript」とは

【リスト1-1】これからじっくり解説する、最初の「TypeScript」

```typescript
class Dog{   //クラスが定義できる
  name:string;  //型の宣言

  //コンストラクタが定義できる
  constructor(name:string){
    this.name=name;
  }

  sayHello(){
    return this.name+"だワン";  //thisが必要
  }
}

let shiro = new Dog("白太郎");  //ローカル変数を示すletが必須
//ここはJavaScriptそのまま
document.body.innerHTML = shiro.sayHello();
```

● 「枯れたJavaScript」を生み出す

　JavaScript自身も、最近(2015年)の仕様「ECMA6」で「クラス」の記述を備えるなど大きく変わってきています。

　しかし、「TypeScript」は最近のECMA仕様を先取りするようなコードを書きながら、コンパイルではむしろ古い「ECMA3」(2009年)のJavaScriptに変換し、多くのブラウザに対応するように配慮しています。

● 「Visual Studio(Code)」で簡単に作成＆コンパイル

　「TypeScript」からJavaScriptへのコンパイルは、「コマンド・プロンプト」からでも可能ですが、Microsoftが提供する「Visual Studio」や、その簡略版「Visual Studio Code」を使えば、簡単にコンパイルできます。

　また、「コード補完」を利用すれば、ソースコードもミスなく迅速に書くことが可能です。

■ TypeScript2

● 順調にバージョンアップを重ねる

　「TypeScript」がはじめて公開されたのは2012年の「バージョン0.8」で、その後は順調にバージョンアップを重ね、言語仕様、コンパイラともに改良さ

れてきました。

　言語仕様では「型」の追加や、並行して開発されている「ECMA」(JavaScriptの標準様式)の新しい仕様を、「TypeScript」でも書けるようにするなどの改良が重ねられています。

●「バージョン2」の特徴

　2016年9月に発表された「TypeScript2」では、特に処理の結果が「空(から)」になったときの扱い方に注目しています。

　たとえば、「空」(null)と「未定義」(undefined)は値の表現でしかなかったのが、「型の名前」になりました。
　また、「never」という型が登場し、例外エラーを投げるときに、「never型の戻り値を返す」という表現ができるようになりました。
　他にも、変数の値の「型」を曖昧や暗黙で扱わないための細かい規則が追加されました。

　しかし、「バージョン1」以下で書いた内容が「バージョン2」でエラーになることは、ないと言っていいでしょう。
　前に書いたコードを簡単に使用不能にしないところは、Microsoftらしい手堅さです。

*

　「TypeScript」がどのような言語なのか理解するには、実際にコードを書いて試してみるのがいちばんの近道です。
　次節で、さっそく「TypeScript」プログラミングの環境を整えましょう。

1-2 「TypeScript」の実行環境

■「Node.js」のインストール

「VSCode」で「TypeScript」をコンパイルする際は、「Node.js」を利用します。そのため、「Node.js」の最新版（ただし、推奨されている安定版）を入手してください。

https://nodejs.org/

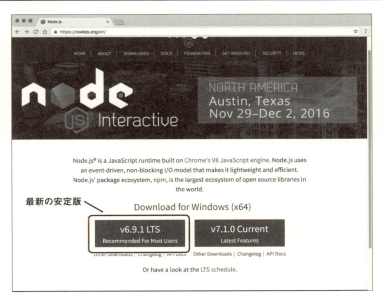

図1-1 「Node.js」のホームページ

Windowsの場合、図1-2のようなインストーラがダウンロードできるので、起動してインストールを進めてください。
インストール中の設定項目は、デフォルトのままで問題ありません。

図1-2 「Node.js」のインストーラ

第1章 「TypeScript」をはじめよう

■「TypeScriptコンパイラ」のインストール

「Node.js」をインストールすると、パッケージ管理コマンド「npm」で、「TypeScript」のコンパイラをインストールできるようになります。

どのフォルダからでもいいので、「コマンド・プロンプト」を立ち上げて、**実行例1-1**のように入力します。
(「-g」は、自分以外のユーザーも利用できるようにするオプション)。

【実行例1-1】「npm」コマンドで、「TypeScript」をインストール

```
npm install -g typescript
```

■「Visual Studio Code」のインストール

本書では、「TypeScript」の編集に、「Visual Studio Code」(以降、「VSCode」)を用います。
これは、「Visual Studio風のテキスト・エディタ」で、「TypeScript」の扱いに優れた機能を備えています。

「VSCode」は、オープンソースで提供されており、以下のホームページからダウンロードできます。

```
http://code.visualstudio.com/
```

図1-3　「VSCode」のホームページ

[1-2] 「TypeScript」の実行環境

　トップページの緑色の「ダウンロード・ボタン」を押すと、インストーラをダウンロードできるので、ダブルクリックして起動し、初期設定のままでインストールを進めてください。

図1-4　「VSCode」のインストーラ

●必要に応じて「配色」を変更
　初期設定では、「VSCode」のエディタ画面は「黒い背景に白い字」となっていますが、見にくいようであれば、以下の手順で配色を調整してください。

---
[1] メニューから、「ファイル」→「設定」→「配色テーマ」を選択。
[2] 画面中央上部に配色テーマ一覧が表示されるので、そこからテーマを選ぶ。

　初期設定は「Dark」で、たとえばこれを「Light」に変更すると、真っ白の背景に黒い字になります。
　ただ、それはそれでまぶしいかもしれないので、白がややくすんだ「Solarized Light」をお勧めします。

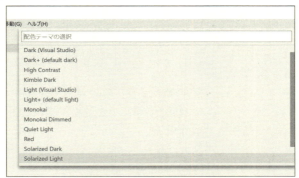

図1-5　「Solarized Light」がお勧め

●文字コードを確認
　本書では、文字コードをすべて「UTF-8」で進めます。
　「VSCode」も文字コードの初期設定は「UTF-8」ですが、確認するにはエディタの下部の表示を見ます。

第1章 「TypeScript」をはじめよう

「カーソル位置」や「改行記号」などとともに、「UTF-8」が表示されていればOKです。

行1、列1　スペース: 4　UTF-8　LF　プレーンテキスト　☺

図1-6　「UTF-8」と表示されている

もし他の文字コードが表示されている場合は、表示部分を直接クリックしてください。

エディタの上部中央に文字コードの一覧が表示されるので、そこから「UTF-8」を選びます。

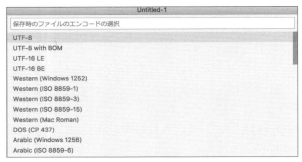

図1-7　「UTF-8」の設定

■別のWebブラウザを利用

「TypeScript」に記述した内容は、最終的にWebブラウザでHTMLファイルを開くことで実行します。

これは、インターネットに接続する必要のないローカルの操作です。

普段使っているブラウザでも可能ですが、不必要な履歴が残るなど、ちょっとした差し障りがでるかもしれません。

そこで、別のWebブラウザをインストールして、「ローカルでHTMLを開くとき専用」に使うと、混乱を防げます。

本書では、動作確認のとき「Vivaldi」というオープンソースのブラウザを使っています。

*

次章では「VSCode」を用いて、「TypeScript」のプログラム作成と動作確認を簡単にする方法を説明します。

「VSCode」で「TypeScript」

この章では、実際に「Visual Studio Code」を操作して、「TypeScript」をはじめる準備を整えていきましょう。

第2章 「VSCode」で「TypeScript」

2-1 プロジェクト・フォルダ

■ フォルダとファイルを作成

●1つずつやると、とても面倒

「TypeScript」でWebアプリを作るには、以下の作業が必要です。

---

①「TypeScript」でプログラムを書く。
②コンパイルしてJavaScriptファイルを生成。
③HTMLファイルを書き、②で生成したJavaScriptファイルを読み込むようにする。
④HTMLファイルをWebブラウザで開き、動作を確認。

新しくコードを書くたびに、これらの操作をしなければならないのは面倒です。

そこで、可能な限り効率的に開発するために、「VSCode」の機能を駆使してみましょう。

●ひな形になるフォルダとファイル

まず、ひな形となるフォルダと、その中に入るファイルを作ります。

フォルダ名は「test1」とし、その中に以下のファイルを作ってください(中身は空でかまいません)。

・tscode.ts
・show.html

■ 「VSCode」でフォルダとファイルを操作

●「VSCode」でフォルダを開く

「VSCode」のメニューから、「ファイル」→「フォルダを開く」を選択し、フォルダ「test1」を選んでください。

[2-1] プロジェクト・フォルダ

図2-1 「ファイル」→「フォルダを開く」

　「VSCode」の左側には、「ボタン」で表示を切り替える補助表示領域があります。
　本書の作業で必要なのは、いちばん上の「ファイル」の形をしたボタンです。
　これで表示されるのは、フォルダ「test1」上のファイルの一覧と操作画面で、これを「エクスプローラ」と呼びます。

＊

　では、ボタンを押して「エクスプローラ」を開いてみましょう（もう一度押すと、領域が非表示になります）。

　次ページ図2-2のように、フォルダ「test1」に作ったファイル「tscode.ts」と「show.html」がファイルツリーに表示されます。
　ファイルツリーには「.vscode」というフォルダもありますが、これはフォルダ「test1」を「VSCode」で開いたときに自動で作られたものです。

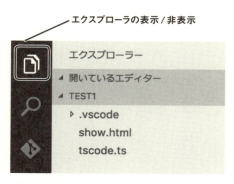

図2-2 「エクスプローラ」でファイルを表示

第2章 「VSCode」で「TypeScript」

■「show.html」の編集

まず、「show.html」の編集から始めましょう。

リスト2-1のように、「jscode.js」というファイル(まだ作っていない)を読み込むという命令を記述します。

このファイルは、今後いろいろなサンプルに利用しますが、この記述は変えません。

【リスト2-1】show.html(本書を通じてこの記述は変えない)

```html
<html>
  <head>
    <meta http-equiv="Content-type"
     content="text/html; charset=utf-8"/>
    <style>
      body{
        padding: 30px;
      }
    </style>
  </head>
  <body>
    <script type="text/javascript" src="jscode.js"></script>
  </body>
</html>
```

■「tsconfig.json」ファイルの作成

「show.html」で読み込むことにした「jscode.js」というJavaScriptファイルは、「tscode.ts」をコンパイルして作ります。

この命名規則は、本書で操作を簡単にするための約束です。

*

「tscode.tsをコンパイルしてjscode.jsというファイルに出力する」という条件は、「TypeScript」の仕様で決まっている「tsconfig.json」というファイルに書きます。

このファイルは、執筆時点(2016年12月)では、手作業で作ることになっています。

「VSCode」のエクスプローラでファイルを作る方法のひとつを、**図2-3**に示します。

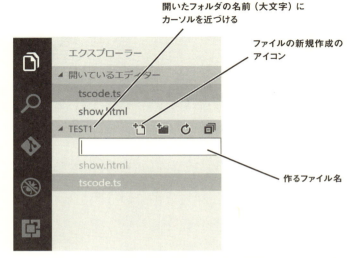

図2-3 「VSCode」のエクスプローラで、新規ファイルを作成

　フォルダ「test1」(大文字で表示されている)が示されている「ノード」の部分にマウスカーソルを近づけると、「操作アイコン」が表示されます。
　その中で「新しいファイル」を選ぶと、ファイルの名前を入力する欄が現われるので、そこに「tsconfig.json」と入力します。

●出力ファイル名を設定
　「tsconfig.json」は、TypeScriptファイルをJavaScriptファイルにコンパイルするときの条件(コンパイル・オプション)を、JSON形式で書くファイルです。
　コンパイルのための「tsc」コマンドのオプションとして打つこともできますが、ファイルに書いておいたほうが、特に「VSCode」上での操作が楽になります。

　「VSCode」のエディタ上では、いま作った「tsconfig.json」が開かれています。
　当然ながら中身は空ですが、そこに**リスト2-2**を書きます(この記述も本書を通じて変えません)。

第2章 「VSCode」で「TypeScript」

【リスト2-2】tsconfic.json（本書を通じてこの記述は変えない）

```
{"compilerOptions": {
  "outFile": "jscode.js"
}}
```

リスト2-2は、「波括弧」や「引用符」などの記号が多く、見やすくない感じですが、以下のように「VSCode」の補完機能を利用すると、素早く記述できます。

＊

最初の「波括弧」（開き括弧）を書くと、すぐに「閉じ括弧」が補完され、カーソルが括弧の中に置かれます。

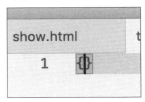

図2-4 最初の括弧、カーソルが中に置かれる

図2-4の状態で「c」と入力します（引用符などは必要ありません）。

すると、「compilerOptions」という補完候補が現われます。

これを選ぶと「引用符」や「セミコロン」「波括弧」などが、すべて自動入力された上、新たな「波括弧」の間にカーソルが置かれます。

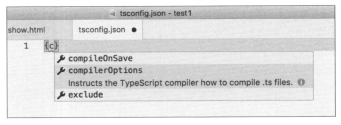

図2-5 「compileroptions」を選ぶ

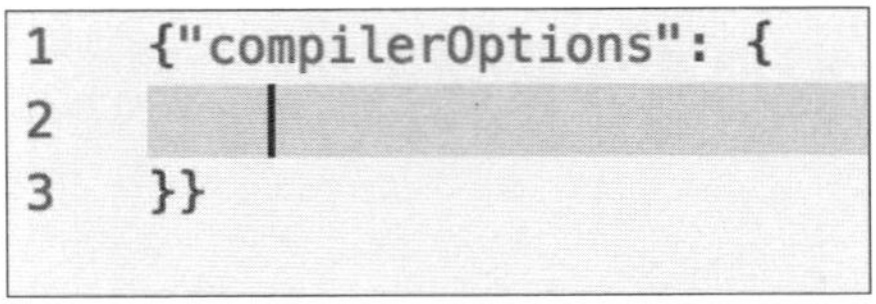

```
1  {"compilerOptions": {
2    |
3  }}
```

図2-6 「括弧」や「カーソル」もコード補完される

図2-6の状態で「o」と入力してください(引用符も必要ありません)。
すると、「outFile」が補完候補から選べます。

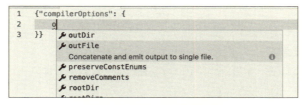

図2-7 「outFile」が補完候補に

ファイルを書き終わったら保存してください。

2-2 最初の「TypeScript」

■クラスの宣言と定義

●「tscode.ts」を開く

手つかずのまま残っているのは、「tscode.ts」だけです。

このファイルに、**リスト1-1**で示したプログラムを書いていきましょう。

より詳しい説明は**第2章**以降で行ないますが、ここでは最低限「何かを書いてみる」場合につまずかないための事項を解説していきます。

＊

なお、はじめて「tscode.ts」のような「TypeScript」のファイルを開くと、「VSCode」が『TypeScriptのバージョンがVSCodeの想定と違う』という警告を出しますが、無視してください。

「VSCode」が「バージョン自動チェック」を自動で無効にするため、次からの警告が出てこなくなります。

図2-8 「Don't Check Again」か「Close」を選ぶ

なお、「TypeScript」のバージョンアップは、適宜、**実行例1-1**(**第1-2節**)で上書きインストールを行なってください。

第2章 「VSCode」で「TypeScript」

> 情報 Updated user setting 'typescript.check.tscVersion' to false 閉じる

図2-9 「閉じる」で完了

●クラスの宣言

リスト1-1は、クラスの「宣言」と「定義」から始まります。

リスト2-3を「tscode.ts」に書いてください。

ただし「//」で始まる行は「コメント」であり、プログラムの動作には影響を及ぼさないので、書く必要はありません。

【リスト2-3】クラスの「宣言」

```
class Dog{
  name:string;
  //この後まだ書く
}
```

●変数の定義

リスト2-3はクラスの「宣言」です。

定義内容は「波括弧」で囲み、「波括弧」の中で、**リスト2-4**のようにリスト属性「name」を定義しています。

【リスト2-4】変数の定義

```
name:string;
```

「name」の後に、「コロン」を置いて「string」と書いてあるのが、属性「name」には必ず「文字列値」が与えられなければならないことを示しています。

しかし、まだ具体的な値は与えられていません。「文字列値である」という「型情報」のみが与えられています。

これで、「nameという文字列値の属性がある」というひとつの情報を述べました。

ですから、これが1つの「文」です。「セミコロン」で文が終わっています。

■ コンストラクタ

●オブジェクトを新規作成するときに使う

「TypeScript」は、「オブジェクト志向」「クラスベース」などと呼ばれるプログラミング様式です。

「クラス」に実際の値を与えた「オブジェクト」を作り、「オブジェクト」の動作によって目的の処理を行ないます。

そして、「クラス」から「オブジェクト」を新規作成するときに、どのような値が必要かを示すのが、「コンストラクタ」です。

*

リスト2-4に続けて、リスト2-5をクラス「Dog」の定義の中に書きます。

【リスト2-5】クラス「Dog」のコンストラクタ

```
constructor(name:string){
  this.name=name;
}
```

「constructor」もスペルが難しいですが、「コード補完」を利用してください。

リスト2-5で、「constructor」の後に括弧で書かれている「name」が、「渡す値をnameとする」と仮定した変数で、特別に「引数」と呼ばれます。

そして、この中のリスト2-6にあたる部分が、「引数nameに渡された値を、属性nameに与える」という意味です。

属性「name」につける「this」(このオブジェクトの意味)は、「TypeScript」では必須です。

【リスト2-6】引数「name」の値を、属性「this.name」に与える

```
this.name=name;
```

■ メソッド

●オブジェクトを新規作成するときに使う

クラス「Dog」に、リスト2-7のメソッド「sayHello」を定義します。

第2章 「VSCode」で「TypeScript」

【リスト2-7】メソッド「sayHello」の定義

```
sayHello(){
  return this.name+"だワン";
}
```

メソッド名「sayHello」の後についている括弧が空なのは、引数を渡さなくていいからです。

メソッド「sayHello」は、「コンストラクタ」に従って作ったオブジェクトが行なう処理です。
そのため、属性「name」には何らかの値が入っているはずです。
その値に文字列"だワン"をつけて「戻す」(return)というのが、メソッド「sayHello」の処理です。

*

以上で、**リスト1-1**のうち、クラス「Dog」の定義が完成しました。

■ トップレベル

●定義した内容を使って、目的の処理をする

「TypeScript」で、クラスなど定義した内容を実際に使って目的の処理をする箇所は、括弧に入っていません。
これらの文による処理を、「トップレベルの処理」と言います。

●クラスからオブジェクトを作成

リスト1-1では、最後の2行です。まず、最初が**リスト2-8**です。

【リスト2-8】トップレベルの処理①

```
let shiro = new Dog("白太郎");
```

リスト2-8は、クラス「Dog」の「コンストラクタ」に基づいてオブジェクトを作り、変数「shiro」に代入したところです。
変数「shiro」は「Dog型」になるはずですが、「TypeScript」はそこまで「型」を宣言する必要はありません。「変数」を示す「let」で足ります。

オブジェクトを新規作成するには、「constructor」という特殊なメソッド名

を書く代わりに、「new Dog」という記述を用います。
その括弧の中に、引数「name」に渡す文字列を書きます。

● オブジェクトがメソッドを呼び出す

いよいよ、トップレベルの文の最後です。
代入を表わす「=」の左右は、どちらも重要な書き方です。

【リスト2-9】どちらも重要な表記
```
document.body.innerHTML = shiro.sayHello();
```

まず右半分(リスト2-10)では、作られた「shiro」に対して「sayHello」を適用します。
オブジェクト指向の考え方では、多くの場合、「オブジェクトshiroがメソッドsayHelloを呼び出す」と表現します。

【リスト2-10】オブジェクトがメソッドを呼び出す
```
shiro.sayHello()
```

メソッド「sayHello」では、「文字列を戻す」ことになっているので、リスト2-10は文字列です。

● JavaScriptと併記できる

「TypeScript」の中で、JavaScriptを記述できます。
リスト2-9の左半分にあたるリスト2-11は、この「TypeScript」を変換してできたJavaScriptファイルがHTMLファイルに読み込まれるという前提で書いてあります。

【リスト2-11】読み込んだHTMLファイルの「body」要素を取得
```
document.body.innerHTML
```

要素は「body」で、どんなHTMLファイルにもあります。
リスト2-11にリスト2-10の「文字列」を代入することで、「body」の要素の中に文字列が書かれます。

*

第2章　「VSCode」で「TypeScript」

以上、リスト1-1の内容を説明しました。
「tscode.ts」に書いて、保存してください。

2-3　「TypeScript」を「JavaScript」に変換

■「VSCode」のタスクファイル

●tasks.json

では、作った「TypeScript」ファイルを「JavaScript」に変換します。
それには、「VSCode」に特有のタスク(自動処理)ファイルである「tasks.json」を、以下の手順で作ります。

[1]「Shift + Ctrl + P」キーを押すか、メニューで「表示」→「コマンド・パレット」を選択(Windowsの場合)。

[2]エディタ上部に入力欄が表示されるので、そこに「>」が表示されていることを確認し(なければ自分で入力)、その後に、「task」と入力。

[3]コマンド候補に「タスク」関係のコマンド一覧が表示されるので、「タスク：タスク・ランナーの構成」を選択。

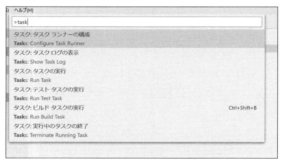

図2-10　「task」でコマンドを一覧

[4]さらに、どのようなタスクを構成するかを選ぶ一覧が出るので、「TypeScript-tsconfig.json」を選択。
(これは、先に作った「tsconfig.json」に基づいて、「TypeScript」ファイルをコンパイルするという意味)。

[2-3] 「TypeScript」を「JavaScript」に変換

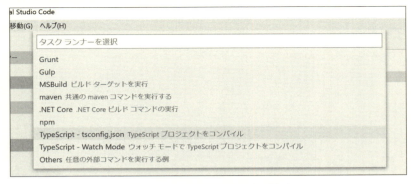

図2-11 「tsconfig.json」を選ぶ

以上で、「.vscode」フォルダ内に「tasks.json」というファイルが出来ます。

新規作成された「tasks.json」は、自動でエディタに表示されるので、**リスト2-12**のように書かれていることを確かめてください（コメントは省略）。

もし違っている場合は、手作業で修正しましょう。

【リスト2-12】「tasks.json」の内容

```
{
    "version": "0.1.0",
    "command": "tsc",
    "isShellCommand": true,
    "args": ["-p", "."],
    "showOutput": "silent",
    "problemMatcher": "$tsc"
}
```

■ タスクを実行

●ショートカットで実行

ファイルをすべて保存したら、ショートカット「Shift+Ctrl+B」、または図2-10の一覧にある「ビルド・タスクの実行」で、タスクを実行します。

```
タスク: ビルド タスクの実行     Ctrl+Shift+B
Tasks: Run Build Task
```

図2-12 「ビルド・タスク」を実行

環境によっては時間がかかるかもしれませんが、「jscode.js」というファイルが作られます。

「VSCode」の「エクスプローラ」でも確認できます。

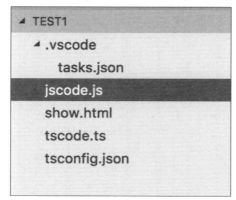

図2-13　「jscode.js」が作られた

● 「show.html」を見る

動作確認は、「show.html」をブラウザで開くことで行ないます。

この操作は、「VSCode」からは自動ではできないため、OSのファイルブラウザから行なってください。

図2-14は、ブラウザ「Vivaldi」で「show.html」を開いたところです。「白太郎だワン」という表示が出れば、成功です。

図2-14　「show.html」をブラウザで確認

2-4 「TypeScript」のプロジェクトを再利用

■ プロジェクト「test2」を即席で作成

● 「test1」を「test2」に
次回からは、この「test1」フォルダをフォルダごとコピーして使います。
同じ場所にコピーして、「test2」と名前を変更してください。

● 「tscode.ts」だけを書き換える
「VSCode」でフォルダ「test2」を開き、「tscode.ts」だけを書き換えます。
他のファイルはそのままです。「jscode.js」は、そのままにしておけば「tscode.ts」の内容に応じて上書きされます。

*

たとえば、「tscode.ts」をリスト2-13のように書き換えてみましょう。

【リスト2-13】「tscode.ts」を書き換える

```
class Cat{
  name:string;
  constructor(name:string){
    this.name=name;
  }
  sayHello(){
    return this.name+"だニャン";
  }
}
let mike= new Cat("三毛代");
document.body.innerHTML = mike.sayHello();
```

ファイルを保存したら、「Shift+Ctrl+B」などで「ビルド・タスクを実行」してください。
「show.html」をそのままWebブラウザで開けば、読み込む「jscode.js」は新しくなったため、「三毛代だニャン」の表示に変わっています。

このようにして、次章以降は周辺ファイルの編集に関わることなく、TypeScriptの編集にのみ集中できます。
次章以降で「ビルドしてください」というのは、「Shift+Ctrl+Bを押してください」と考えてください。

第2章 「VSCode」で「TypeScript」

2-5 作られた「JavaScript」

■「jscode.js」の中身を確認

●少し難しいJavaScriptになっている

一度、「jscode.js」を開いて、どのようなコードになっているか確認しておきましょう。

リスト2-14のように、少し難しいJavaScriptになっています。

【リスト2-14】「tscode.ts」から変換されたJavaScriptの例

```javascript
var Dog = (function () {
  function Dog(name) {
    this.name = name;
  }
  Dog.prototype.sayHello = function () {
    return this.name + "だワン";
  };
  return Dog;
}());
var shiro = new Dog("白太郎");
document.body.innerHTML = shiro.sayHello();
```

詳しい説明は省略しますが、クラス「Dog」は変数として書かれています。

変数の値は関数で、そこにまた関数の中を含み、また変数「Dog」自身がその関数の中に入っていたり、「コンストラクタ」が変数「Dog」と同名の関数だったりと、自分ではあまり書きたくないような内容です。

一方、トップレベルの部分は、「TypeScript」と変わりません。

*

以後、「TypeScript」の解説に1つずつ「JavaScript」との対応を示すことはしません。

「JavaScript」の記述を、そのまま用いるときだけ解説します。

「変数」と「データ型」

「TypeScript」の文法の基本である「変数」と「データ型」について、短いコードを書きながら学んでいきましょう。
「TypeScript」の文法は、「JavaScript」の新しい仕様と共通するものがありますが、本書では「TypeScriptの文法」として説明します。

第3章 「変数」と「データ型」

3-1 「変数」の宣言

■「変数」の書き方を試す「TypeScript」プロジェクト

●これまで作ったフォルダを複製

「変数」の書き方を試す「TypeScript」プロジェクトを作りましょう。

前章で作ったフォルダ、「test1」をコピーして、「variable」というフォルダ名にします。

●フォルダを「VSCode」で開く

フォルダ「variable」を「VSCode」で開きます。

簡単な方法としては、「VSCode」で「新規ウィンドウ」を開いておいて、OSの「ファイル・ブラウザ」からフォルダをドラッグ＆ドロップする方法があります。

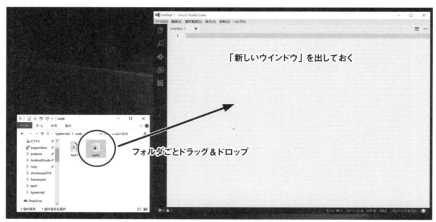

図3-1　フォルダを開く簡単な方法

■「変数宣言」と「データ型」

●「値」があれば、型宣言は必要ない

「TypeScript」で「変数」を宣言するときは、最初から「値」が与えてあれば、変数の型を宣言する必要はありません。

たとえば、**リスト3-1**では、変数「myStr」に宣言と同時に「文字列」が与えられているので、「文字列型」であるとは述べません。

[3-1] 「変数」の宣言

【リスト3-1】「宣言」と同時に「値」を与える
```
let myStr = "3の2乗は";
```

●「値」を与えず宣言するときは、「型」を宣言

「変数」を宣言だけして値を与えない場合は、「型」の情報を含めます。

リスト3-2では、まず宣言だけして、そのあと文字列を代入しました（あくまでも練習用で、実用上は無駄な書き方）。

「型情報」は、「変数」の後に「コロン」をはさんでつけます。

【リスト3-2】「型情報」をつけて宣言してから、「値」を与える
```
let myUnknownStr:string;
myUnknownStr="大きいです";
```

「tscode.ts」をリスト3-3のように書いて、2-4節で行なったように「JavaScript」に変換し、「show.html」をブラウザで開いて表示を見てみましょう。

【リスト3-3】リスト3-1とリスト3-2を確かめる「tscode.ts」
```
let myStr = "3の2乗は";

let myUnknownStr:string;
myUnknownStr="大きいです";

document.body.innerHTML = myStr+myUnknownStr;
```

これで、「3の2乗は大きいです」と表示されます。

■ 宣言のキーワード

● JavaScript由来の「var」

「TypeScript」では、JavaScript由来のキーワード「var」も使えます。

● キーワード「let」

これまで使ってきたキーワード「let」は、制御文や関数、クラスの定義など、「括弧」で囲んだ一連の処理の枠の中でのみ、有効となる変数です。

また、そのファイルの内容自体が、他のファイルに対する枠なので、「トップレベル」でも「let」を使うことができます。

第3章 「変数」と「データ型」

このように、枠の中だけで有効な変数を「ローカル変数」と呼びます。

「TypeScript」では、特別に「var」を使う事情がなければ、なるべく「let」を使うように推奨されています。
そこで、以後も「let」で変数を宣言していきます。

●定数「const」

「物理定数」や「識別値」など、値を変えずにただ変数名で表わしたい場合は、「var」「let」ではなく「const」を用いて宣言します。

たとえば、**リスト3-4**は「重力加速度」(9.8)に、定数名「g」をつけたところです。

【リスト3-4】「const」を用いた宣言の例

```
const g=9.8;
```

「const」で宣言した変数の値を変更するなど、プログラムを誤って書いた場合は、JavaScriptに変換する過程でエラーになります。

加えて、「const」で宣言されているのを見れば、「何かの定数だ」「フラグだ」「長い文字列の置き換えだ」などと一目で区別できます。

3-2 基本のデータ型（単独型）

■「基本のデータ型」とは

「TypeScript2.0」の基本のデータ型は、以下の通りです。

表3-1 基本のデータ型

単独型	boolean（真か偽）/ number（数値）/ string（文字列）
集合体	Array（配列）/ tuple（タプル）/ enum（列挙型）
不定形	void（値を返す目的をもたないための空）/ null（空の値を返すための空）/ undefined（未定義）/ any（何でもよい）/ never（例外時に返すので決して受け取られない）

●基本でないデータ型

「基本でないデータ型」とは、「JavaScript由来のオブジェクト」です。

「TypeScript」のコードの中には「JavaScript」を併記できます。

そこで「JavaScript」のオブジェクトも、「TypeScript」で「データ型」となります。

*

「VSCode」で変数の「データ型」を宣言しようとすると、たくさんの候補が出てきますが、ほとんどは「インターフェイス」という扱いです。

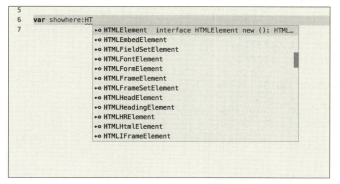

図3-2 たくさんの「インターフェイス」がデータ型として提案される

これらはすべて「JavaScriptですでに決められているオブジェクト」で、「TypeScript」では「インターフェイス」という位置づけになっています。

第3章 「変数」と「データ型」

ただし、これらの「インターフェイス」を覚えて、正確に型宣言をする必要は、多くありません。

リスト3-1などで説明したように、「JavaScriptですでに決められているオブジェクト」はすでに「値」なので、**リスト3-5**のようにそのまま変数に渡せばいいのです。

【リスト3-5】作って渡せば型は不要

```
let body = document.body;
```

■ boolean型(真か偽)

●「boolean型」と「if文」

「boolean型」のデータは、「true」か「false」の値をもちます。
文字列ではないので、「引用符」はつけません。

*

前章で作ったフォルダ「test1」をコピーして、「boolean」という名前にします。

「boolean値」を用いる「tscode.ts」を、**リスト3-6**のように書いてみましょう。

「if文」はJavaScriptと同じ書き方で、特に変わった記法ではありません。

【リスト3-6】「boolean値」を用いる「tscode.ts」

```
let switchOne = true;
let switchTwo = false;
let resultStr:string;

if(switchOne && switchTwo){
  resultStr = "明るいです";
}else if (!switchOne && !switchTwo){
  resultStr = "真っ暗です";
}else{
  resultStr = "ちょっと暗いです";
}

document.body.innerHTML = resultStr;
```

2つの「boolean値」の「論理積」(and)には論理演算子「&&」、「論理和」(or)には「||」を用います。「否定」(not)には「!」を用います。

「switchOne」と「switchTwo」が両方とも「false」の場合のみ、「!switchOne」と「!switch」の論理積が「true」になるので、そのとき「resultStr」の値は「"真っ暗です"」となります。

リスト3-6では、「switchOne」が「true」で、「switchTwo」が「false」なので、「resultStr」の値は「"ちょっと暗いです"」になります。

＊

リスト3-6をビルドして「jscode.js」を作り、「show.html」で表示を確認してください。

「switchOne」「switchTwo」の値を「true」か「false」に書き換えて再ビルドすれば、表示結果が**表3-1**のようになるのも見ることができます。

表3-1 「switchOne」と「switchTwo」の値の組み合わせによる結果の表示

switchOne	switchTwo	resultStr
true	true	"明るいです"
false	true	"ちょっと暗いです"
true	false	"ちょっと暗いです"
false	false	"真っ暗です"

■ number型（数値）

●「小数」または「整数」

「TypeScript」では、数値はすべて「number」というデータ型で扱われ、基本的に「小数」です。

値を書くときに「小数点」をつけないと、「整数」として扱われますが、除算で割り切れないと自動的に「小数表記」になります。

＊

フォルダ「test1」をコピーして、フォルダ名を「numbers」にします。
「VSCode」で「numbers」を開き、「tscode.ts」を**リスト3-7**のように書いてください。

【リスト3-7】フォルダ「numbers」の「tscode.ts」

```
let numA = 3;
let numB = 11;
```

第3章　「変数」と「データ型」

```
let resultStr:string;
const add = "加算:";
const sub = "減算:";
const mul = "乗算:";
const div = "除算:";
const br  = "<br>"

resultStr = add+(numA+numB)+br
            +sub+(numA-numB)+br
            +mul+(numA*numB)+br
            +div+(numA/numB);

document.body.innerHTML = resultStr;
```

リスト3-7では「加算」などの説明に使う語句や、改行のための「
」などを、引用符や日本語で繰り返して書かなくてもいいように、変数に代入してあります。

プログラムの本質的な動作に影響を及ぼさないので、「const」で宣言しています。

一方、「resultStr」は処理のたびに内容を付加されて変化するので「let」で宣言しています。

「resultStr」に対する処理に、改めて注目してください。
「numA+numB」のように、数値計算の結果を「文字列」と「+」で結合することができます。
暗黙のうちに、「数値」が「文字列」に変換されています。

＊

リスト3-7をビルドしたら、フォルダ「numbers」の「show.html」をブラウザで見てみましょう。
リスト3-8のような表示になっているでしょう。

【リスト3-8】「3」と「11」の加減乗除

```
加算:14
減算:-8
乗算:33
除算:0.2727272727272727
```

除算は「循環小数」になりますが、表示できるだけの桁数が出され、末尾は

四捨五入されています。

＊

次に、**リスト3-7**を「numA=6、numB=3」に書き換えて、同じことをしてみましょう。

整数同士で割り切れるなら、除算の結果も整数で表示されます。

【リスト3-9】「6」と「3」の加減乗除

```
加算：9
減算：3
乗算：18
除算：2
```

しかし、**リスト3-7**を「numA=3.5、numB=0.7」に書き換えて同じことをすると、結果が妙なことになります。

【リスト3-10】「3.5」と「0.7」の加減乗除、なぜか乗算がおかしい

```
加算：4.2
減算：2.8
乗算：2.4499999999999997
除算：5
```

これは「TypeScript」が悪いわけではなく、「2進数」と「10進数」の違いによる誤差です。

残念な点と言えば、この誤差を水面下で調整してくれる「データ型指定」(たとえば、「3.5f」などの書き方)が、「TypeScript」にはないことです。

手作業で調整することになりますが、それは関数など学習が進んでからにしましょう。

● 「number型」の位取り記数法

同じ「number型」で、「16進法」「8進法」「2進法」も使えます。
このうち、「16進法」と「2進法」を使ってみましょう。

＜16進法＞

フォルダ「numbers」をコピーして、フォルダ名を「hex」にしてください。
そして、「tscode.ts」を**リスト3-11**のように書き換えます。

第3章 「変数」と「データ型」

【リスト3-11】フォルダ「hex」の「tscode.ts」

```typescript
let numA = 0xAF;
let numB = 0x3B;

let resultStr:string;

const numAname = "numA：";
const numBname = "numB：";
const add = "加算：";
const sub = "減算：";
const br = "<br>"

resultStr = numAname+numA+br
           +numBname+numB+br
           +add+(numA+numB)+br
           +sub+(numA-numB);

document.body.innerHTML = resultStr;
```

　リスト3-11の「numA」「numB」の表記にあるように、「16進数」表記は数字の「ゼロ」を先頭に「0x」で始めます。

　文字列ではないので、「引用符」は不要です。

　あまり深く突っ込まないことにして、演算は加減算だけにしましょう。
　その前に、「16進数」で表記した変数自体も表示します。

　リスト3-11をビルドして、「show.html」をブラウザで開くと、リスト3-12のような表記が得られます。

【リスト3-12】フォルダ「hex」の「show.html」の表示

```
numA：175
numB：59
加算：234
減算：116
```

　リスト3-12のように、「16進数」表記は認識されますが、その内容と演算の結果は、「16進数」ではなく「10進数」で表わされます。
　「16進数」は「0...9ABCDEF」で表わされます。
　「numA」を表記した「AF」の「A」は「10」、「F」は「15」を表わしますが、2桁目は「10の位」ではなく「16の位」なので、「10*16+15=175」になります。

「numB」を表記した「3B」の「B」は「11」なので、「3*16+11=59」です。

＜2進法＞

　フォルダ「hex」をコピーして、フォルダ名を「binary」にしてください。
　「VSCode」でこのフォルダを開き、「tscode.ts」の「numA」「numB」の値の表記だけ、**リスト3-13**のように書き換えます。

【リスト3-13】フォルダ「hex」の「tscode.ts」から書き換える部分

```
let numA = 0b1011;
let numB = 0b110;
```

【リスト3-14】フォルダ「binary」の「show.html」の表示

```
numA：11
numB：6
加算：17
減算：5
```

■ 文字列

●「二重引用符」と「単引用符」

　「TypeScript」では、文字列を「二重引用符」か「単引用符」で囲みます。
　どちらも役割は同じなので、文字列の中に「引用符」を用いる場合の簡便法として使えます。

　また、エスケープ記号「¥」を用いれば、「二重引用符」の中で、二重引用符を「文字列」として扱えます。

＊

　フォルダ「test1」をコピーして名前を「quotation」に変更し、「tscode.ts」を**リスト3-15**のように書いてください。

【リスト3-15】フォルダ「quotation」の「tscode.ts」

```
const br = "<br>";
let qtstr = '"おはよう"は英語で"Good morning"です';
let escpstr ="¥"ありがとう¥"は英語で¥"Thank you¥"です";

document.body.innerHTML = qtstr+br+escpstr;
```

第3章 「変数」と「データ型」

リスト3-15をビルドして、「show.html」をブラウザで見てみましょう。

リスト3-15の「qtstr」は「単引用符の中の二重引用符」、「escpstr」は「エスケープ記号とともに用いる二重引用符」ですが、いずれも正しく文字列として表現されます。

【リスト3-16】フォルダ「quotation」の「show.html」の表示

```
"おはよう"は英語で"Good morning"です
"ありがとう"は英語で"Thank you"です
```

●JavaScriptの文字列処理は、すべて使える

「TypeScript」のクラス「string」は、JavaScriptの「String」オブジェクトにできることは、すべてできます。

そのひとつを試してみましょう。

＊

フォルダ「test1」をコピーして名前を「stringmethod」に変更し、「tscode.ts」をリスト3-17のように書いてください。

文字列「myStr」の内容は、長いですが1行で書き切ってください。

【リスト3-17】フォルダ「stringmethod」の「tscode.ts」

```
let myStr = "今日来れなくても、今月中ならスペシャルランチは食べれますよ"
document.body.innerHTML = myStr.replace(/れ/g, "られ");
```

「replace」は、JavaScriptの「String」オブジェクトに使えるメソッドです。

「正規表現」を使った面倒なものにしてみましたが、本書では詳しくは扱いません。

「こんなに面倒なことも、JavaScriptでできるならTypeScriptでもできる」ということだけ知っておいてください。

JavaScriptの「String」オブジェクトで使えるメソッドをよく知らなくても、「VSCode」で編集していれば、「TypeScript」の「string」オブジェクトに対して使えるメソッドの一覧が出てくるので、分かるかもしれません。

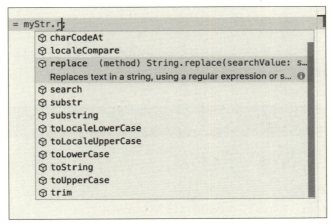

図3-2 JavaScriptの「String」オブジェクトのためのメソッド一覧

リスト3-17をビルドして、「show.html」をブラウザで見てみましょう。

リスト3-18のように、「れ」と書いてある箇所が、「られ」に変換されているのが確認できます

【リスト3-18】フォルダ「stringmethod」の「show.html」の表示

```
今日来られなくても、今月中ならスペシャルランチは食べられますよ
```

●「式」の埋め込み

「TypeScript」では、文字列中に「式」(文字列以外の表現)を埋め込むことができます。

ただし、それには文字列全体を二重引用符でも単引用符でもなく、「バッククォート」(`)で囲むという特別の措置が必要です。

　　　　　　　　　　　　　　＊

フォルダ「test1」をコピーして名前を「embed」に変更し、「tscode.ts」を**リスト3-19**のように書いてください。

【リスト3-19】フォルダ「embed」の「tscode.ts」

```
document.body.innerHTML = `64の平方根は${Math.sqrt(64)}`;
```

「Math.sqrt」は、JavaScriptの「Math」ライブラリをそのまま使った書き方ですが、「バッククォート」の中に書いた文字列中に「$0」と書けば、「+」記号

第3章 「変数」と「データ型」

で連結することなく、文字列の中に埋め込めます。

ビルドして、フォルダ「embed」の「show.html」をブラウザで見ると、「64の平方根は8」と表示されます。

3-3 基本のデータ型（集合型）

■「配列」と「繰り返し文」

●「配列」の定義

「TypeScript」において、「配列」の型名は「Array型」となります。
「配列」は、あらかじめ要素の決まった形で表わすことができます。
「TypeScript」で「配列」を囲むための括弧は、「角括弧」です。

【リスト3-20】「配列」の定義の仕方

```
let myArray = [120, 133, 150, 166, 200];
```

また、空の定義をするときは、リスト3-20のように要素の「型」を宣言します。

【リスト3-21】要素が数値である「配列」を定義

```
let rates:number[];
```

*

そこで、フォルダ「test1」をコピーして名前を「arraynumbers」に変更し、「tscode.ts」を**リスト3-22**のように書いてください。

【リスト3-22】フォルダ「arraynumbers」の「tscode.ts」

```
let rates:number[];
rates=[120, 133, 150, 166, 200];
//後でリスト3-24を入れる
document.body.innerHTML = rates.toString();
```

「配列」に対して用いるメソッド「toString」は、「配列」の要素をカンマ区切りで列記した文字列を生成します。

*

リスト3-22をビルドして「show.html」をブラウザで開くと、表示はリスト

3-23のようになります。

【リスト3-23】フォルダ「arraynumbers」の「show.html」の表示
```
120,133,150,166,200
```

● 「配列」に対するJavaScriptのメソッドが使える

「TypeScript」の「Array型」には、JavaScriptの「Array」オブジェクトに対するメソッドがすべて使えます。

＊

リスト3-22に「後からリスト3-24を加える」と書いた場所に、リスト3-24を加えてみましょう。

JavaScriptの「Array型」オブジェクトで要素を加える、メソッド「push」を用います。

【リスト3-24】配列「rates」にメソッド「push」を用いる
```
rates.push(233);
```

リスト3-24をビルドして、「show.html」をブラウザで開くと、要素「233」が加えられて表示されます。

● 要素を取り出す「for..of」繰り返し

「TypeScript」では、「配列」から要素を直接1つずつ取り出す「繰り返し」ができます。それが、「for..of」文です(「for..in」ではないので注意)。

＊

リスト3-25は、リスト3-22の配列「rates」から要素を1つずつ取り出して、末尾に「MHz」という文字列を加える操作です。

【リスト3-25】「for..of」の繰り返し文の例
```
for (let rate of rates){
  resultStr += rate+"MHz, "
}
```

リスト3-25では、「for文」での繰り返し方の説明となる括弧の部分で、変数「rate」を「let」で定義しています。

この定義方法によって、変数「rate」は、この「for文」の繰り返し処理の中で

第3章 「変数」と「データ型」

のみ使われます。

*

書いてみましょう。

リスト3-22や**リスト3-24**を記入ずみのフォルダ「Arraynumbers」をコピーして、名前を「forof」に変更します。

そして、「tscode.ts」を**リスト3-26**のように書いてください。

【リスト3-26】フォルダ「forof」の「tscode.ts」

```
let rates=[120, 133, 150, 166, 200];
let resultStr="種類は";
rates.push(233);

for (let rate of rates){
  resultStr += rate+"MHz, "
}

let newStr = resultStr.substr(0, resultStr.length-2);
document.body.innerHTML = newStr+"です";
```

リスト3-26では、「resultStr」から「newStr」を作る過程に注目してください。

「繰り返し文」では、各要素に「MHz, 」という文字列をつける処理をしていますが、いちばん最後の要素は「MHz」だけでいいのです。

そこで、最後まで同じ処理はしておいて、出来上がった文字列「resultStr」の末尾の2字を除去します。

そのとき、JavaScriptのメソッド「substr」を用いています。

「substr」は「substring」と異なり、「何文字目からいくつ取る」という字数を表わすので分かりやすいのです。

2文字取るので、「いくつ取る」の指定は全部の字数から「2」を引いたm「resultStr.length-2」と書けます。

*

ビルドして「show.html」をブラウザで開くと、**リスト3-27**のようになります。

【リスト3-27】フォルダ「forof」の「show.html」の表示

```
種類は120MHz, 133MHz, 150MHz, 166MHz, 200MHz, 233MHzです
```

[3-3] 基本のデータ型（集合型）

● 「インデックス」で繰り返し

「インデックス」で繰り返す古典的な方法は、**リスト3-28**のようにします。

＊

フォルダ「forof」をコピーして、フォルダ名を「forclassic」にします。
そして、「tscode.ts」を**リスト3-28**のように書いてください。

リスト3-28では、「for文」の括弧の中で「let」をつけて、変数「i」を定義できるのが特徴です。
そのほかは、古典的なJavaScriptや他の言語と変わらない書き方です。

【リスト3-28】フォルダ「forclassic」の「tscode.ts」

```
let monthnames =["January", "February", "March", "April"];
const br = "<br>"
let resultStr="月の名前は"+br;

for (let i=0; i<monthnames.length; i++ ){
  resultStr += `${i+1}月が${monthnames[i]}`+br
}
document.body.innerHTML = resultStr+"です";
```

リスト3-28をビルドして「show.html」をブラウザで開くと、**リスト3-29**のように表示されます。

【リスト3-29】フォルダ「forclassic」の「show.html」の表示

```
月の名前は
1月がJanuary
2月がFebruary
3月がMarch
4月がApril
です
```

■ タプル

● 「複数の要素の対応関係」を示す目的

「タプル」は配列の一種ですが、「xとy」「幅と高さ」「名前と成績」のように、関係する複数の要素の値を示す目的でよく使われます。

そのため、異なるデータ型の要素を置くことができます。

しかし、ランダムではありません。

第3章　「変数」と「データ型」

まずリスト3-30のように定義すると、必ずその0番目の要素は「文字列」、1番目の要素は「数値」でなければなりません。

【リスト3-30】「タプル」の要素の型定義

```
let mytuple : [string, number];
```

＊

リスト3-31のように最初から「値」を与えた場合も、リスト3-30と同じように「型」が決まるので、要素を変更するときには「型」の制限に従わなければなりません。

【リスト3-31】これでも「型」が定義されたことになる

```
let result = ["英文法", 90];
```

そこで、リスト3-32のようなプログラムを書いてみましょう。

フォルダ「test1」をコピーして、フォルダ名を「tuple」にします。
そして、「tscode.ts」をリスト3-32のように書いてください。

【リスト3-32】フォルダ「tuple」の「tscode.ts」

```
let result = ["英文法", 90];
result[0] = "英作文";
document.body.innerHTML = `${result[0]}は${result[1]}点`
```

リスト3-32では、タプル「result」の0番目の要素を「result[0]」、1番目の要素を「result[1]」で表わしています。

＊

ビルドして「show.html」をブラウザで開くと、リスト3-33のように表示されます。
最初「英文法」だった「tuple[0]」は、次に「英作文」に変更されました。

【リスト3-33】フォルダ「tuple」の「show.html」の表示

```
英作文は90点
```

[3-3] 基本のデータ型（集合型）

■ 列挙型

●「フラグ」を手早く変数で表わす

「列挙型」の目的は、「フラグ」などで用いる数値を分かりやすい変数名に直すことです。

「列挙型」を用いなければ、**リスト3-34**のように1つ1つ変数を定義しなければなりません。

【リスト3-34】5つのフラグ

```
const SS = 1;
const S =2;
const M=3;
const L =4;
const LL =5;
```

リスト3-34では、フラグに「0」という数値を使っていません。
「0」は、「始点」「標準」など特別な印象を与えるからです。

＊

一方、**リスト3-34**は、ただ「5種類の大きさがある」というだけです。
このような場合に、「列挙型」を使うと便利です。

「列挙型」は、「TypeScript2.0」の仕様では、「number」や「string」と同じ基本のデータ型として扱われています。

しかし、他のデータ型と異なり、**リスト3-35**のように、「クラス」と似た形で宣言します。また、「波括弧」で囲みます。

【リスト3-35】列挙型「Size」を宣言

```
enum Size {SS, S, M, L, LL};
```

この列挙型「Size」における「SS」の値は、「Size[Size.SS]」となります（他も同様）。

このようにして、「実際に割り当てられている数値はいくつか」を気にせず、変数名だけで違いを表わせるのが、「列挙型」のいいところです。

＊

そこで、**リスト3-36**のようなプログラムを作ってみましょう。

第3章　「変数」と「データ型」

　フォルダ「test1」など適当なフォルダをコピーして、名前を「enum」にしてください。

　そして、「tscode.ts」をリスト3-36のように書きます。

[リスト3-36]フォルダ「enum」の「tscode.ts」

```
enum Size {SS, S, M, L, LL};

let sizeStr:string;
let theSize = Size.L;

switch (theSize) {
  case Size[Size.SS]:
    sizeStr = "とても可愛いですね";
    break;
  case Size[Size.S]:
    sizeStr = "控えめですね";
    break;
  case Size[Size.M]:
    sizeStr = "汎用型ですね";
    break;
  case Size[Size.L]:
    sizeStr = "思い切りましたね";
    break;
  case Size[Size.LL]:
    sizeStr = "堂々としたものです";
    break;
  default:
    break;
}
document.body.innerHTML= sizeStr;
```

　リスト3-36では、JavaScriptと同じ書き方で「switch文」を用いています。

　「switch文」が長い割には、実際の処理は単純です。
　変数「theSize」には、すでに「Size.L」が代入されているので、「switch文」の場合分けの結果は、「sizeStrに"思い切りましたね"」という文字列が割り当てられることになります。

　そのため、ビルドしてフォルダ「enum」の「show.html」の表示をブラウザで見ると、「思い切りましたね」となります。

3-4 基本のデータ型（不定型）

■ void型

●「関数」や「メソッド」で戻す値

「void型の変数」というものは、「ない」と考えましょう。
…にもかかわらず「void」という型があるのは、以下の理由によります。

「関数」や「メソッド」を定義するときには、「引数」と「戻り値」（シグニチャ）を示さないといけません。
そこで、処理だけを行なって値を戻さないとき、便宜的にその「関数」や「メソッド」の戻り値を「voidである」と示すのです。

■ null型

●「null型」とは

「null型」とは、「null値」を特別なデータ型のオブジェクトと見なす表現です。
「null型」のオブジェクトは、「null」という固定値だけです。
「null値」は、「値がない」ことですが、「その引数に値を渡さない」とか、「値がないという答を戻す」ことを積極的に示すため用います。

■ undefined型

●「undefined」とは

「undefined」とは、「未定義」の意味です。
「undefined型」を理解するために、**リスト3-37**を考えてみましょう。

「forclassic」のようなフォルダをコピーして名前を「undefcounter」にします。
そして、「tscode.ts」を**リスト3-37**のように書いてください。

第3章 「変数」と「データ型」

【リスト3-37】フォルダ「undefcounter」の「tscode.ts」

```typescript
let countingStr:string;

for(let i=4; i>=0; i--){
  countingStr += i + ", ";
}

document.body.innerHTML= countingStr;
```

この書き方はよさそうに見えますが、微妙な間違いがあります。
ビルドして「show.html」をブラウザで表示すると、**リスト3-38**のようになるでしょう。

【リスト3-38】フォルダ「undefcounter」の「show.html」

```
undefined4, 3, 2, 1, 0,
```

この失敗の理由は、値を与えないまま定義した「countingStr」に、文字列を「加えて」いったからです。

「TypeScript2.0」では、値を与えないまま定義だけした状態では、「undefined型のオブジェクト」が値として入っていることが分かります。
「undefined型」は、「文字列型」「数値型」など、それぞれのデータ型に用意されている「特別な状態」です。
ですから、「countingStr」を「文字列型」として宣言したことと矛盾しないのです。
無理やり文字列化すると「undefined」になります。そこに「数字の文字列」が加えられていった、というわけです。

なお、**リスト3-39**のような書き方であれば、「undefined型オブジェクト」は「空白の文字列」にスッキリと置き換わります。

【リスト3-39】「undefined」が「空白文字列」に置き換わる

```typescript
let countingStr:string;
countingStr="";
```

「void型」「null型」「undefined型」(後の2つは、「TypeScript2.0」からの仕

様)のように、これらは一時的な値やキーワードではなく、「データ型」とされています。

しかし、「null」と「undefined」は、「string」など他の型で宣言した変数にも適用できるように、すべてのデータ型の一種に組み込まれています。
また、変数に値が正常に渡されるのが確かであれば、これらの型を無理に宣言しなければならないということはありません。

■any

●JavaScriptのオブジェクト使用時に便利

「any」という型は、「どんなデータ型でもよい」という寛容なデータ型です。
そのため、基本のデータ型として決まっているもの以外のオブジェクトを使いたいときに便利です。
特に、「JavaScriptのオブジェクト」を使うとき、何度も図3-1の「HTMLElement」という型のチェックをするのは大変なので、型は「any」としておくのが、むしろいい判断でしょう。

＊

そこで、**リスト3-40**のようなプログラムを書いてみましょう。
フォルダ「test1」をコピーして、フォルダ名を「any」にします。
そして、「tscode.ts」を**リスト3-40**のように書いてください。

【リスト3-40】フォルダ「any」の「tscode.ts」

```
let showhere: any;
showhere = document.body;
showhere.innerHTML = "JavaScriptのオブジェクトもこのように";
```

リスト3-40を入力した時点で、「VSCode」の「エラー」が出なければ、確認の目的は達成です。
ビルドして結果を見る必要もありません。

●どんな型にでも仮定できる

「any型」の特徴は、そのデータ型をどのように仮定してロジックを進めても、コンパイルエラーにならないということです。

第3章 「変数」と「データ型」

いまはフォルダ「any」のファイル「tscode.ts」にコードを入力していますが、「コンパイルエラーにならなければOK、実行まですることは必要なし」という扱い方をしています。

*

そこで、**図3-4**のように書いてもエラーにならないことを確認してみましょう。

「any型」で宣言した変数「stringlike」に対して「string型」、または「Array型」のメソッド「length」を適用しても、コンパイルエラーにはなりません。

コンパイラが理解できるメソッドである限り、有効です。

```
let stringlike: any;
if (stringlike.length > 0){

}
```
エラーにならない

図3-4 「any」で宣言した変数には、コンパイラが理解できるメソッドを使えばエラーにならない

一方、JavaScriptなどで「Object」というデータ型がありますが、これは「stringでもArrayでもない何か」を示します。

「TypeScript」では、インターフェイスとして定義することができます。

このようにして、変数「objectlike」を定義してみましょう。

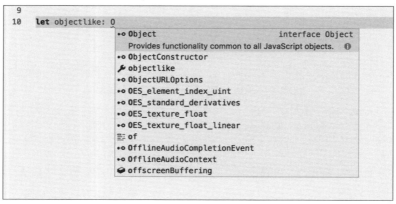

図3-5 JavaScriptのデータ型「Object」を、「TypeScript」で定義

JavaScriptの「Object」は、「string」ではありません。

そのため、**図3-6**はコンパイルエラーになります。

[3-4] 基本のデータ型(不定型)

```
                                          any にしなさいと示される
                   [ts] Property 'length' does not exist on type 'Object'.
    let objectlike: any
    if (objectlike.length > 0){
                                               object と string は違う
    }
```

図3-6 「Object型」の変数に、「string型」のメソッドは使えない

■ never

●「例外処理」のメソッドが返す、決して受け取られないデータ型

「never」というデータ型は、「例外エラー」の処理として別途メソッドを定義したときに返す値です。

このデータ型の値は、決して他の変数やメソッドに受け取られることはありません。

「例外処理」の目的は、「アプリの終了」だからです。

それでも、「関数やメソッドを定義するときは必ず値を返すべし」という「TypeScriptのカタチ」を整えるために定められたデータ型です。

*

次章は、ここで学んだ「変数」と「データ型」を、「インターフェイス」や「クラス」で使ってみましょう。

「インターフェイス」と「クラス」

「TypeScript」の文法の基本である、「インターフェイス」と「クラス」について、定義と利用の方法を学びます。「TypeScript」の文法は、JavaScriptの新しい仕様と共通するものがありますが、ここでは「TypeScriptの文法」として説明します。

第4章 「インターフェイス」と「クラス」

4-1 インターフェイス

■「インターフェイス」とは

●「JavaScriptのオブジェクト」のTypeScript的解釈

「インターフェイス」とは、「クラス」とともにデータを記述する方法です。

なぜ「クラス」だけではダメなのかと言うと、「TypeScript」と「JavaScript」では、「オブジェクト」の解釈が違うからです。

「JavaScript」も、規格「EC6(2015)」あたりから「クラス」などを採用するようになりましたが、Ajaxなどに使われる重要な「JavaScript」の記法は、古典的な解釈に基づいています。

「オブジェクト指向」では、「クラスに具体的な値を与えて作られるデータ」を「オブジェクト」と呼びますが、JavaScriptでは、「オブジェクト」は1つずつ、初期値とともにその場で作られます。

*

リスト4-1は、古典的なJavascriptで書き表わした「オブジェクト」です。

同じ構造で、値の違う2つの「オブジェクト」を表わしています。

(コードを書いて確認する必要はありません)。

【リスト4-1】JavaScriptで呼ぶ「オブジェクト」

```
var jane={
  firstName:"Jane",
  lastName:"Allman",
  age:18
};

var mike={
  firstName:"Michael",
  lastName:"Sinclair",
  age:25
}
```

では、JavaScriptには「クラス」のようなものはまったくないのかというと、**リスト4-2**のような「コンストラクタ関数」があります。

(コードを書いて確認する必要はありません)。

【リスト4-2】JavaScriptで「クラス」の定義に似たもの

```
function Buddy(firstname, lastname, age){
  this.firstName=firstname;
  this.lastName=lastname;
  this.age=age;
}
```

　「TypeScript」の中でも必要なJavaScriptの「document」をはじめ、JavaScriptの関数で戻されるのは、すべてこのタイプの「オブジェクト」です。
　そこで、「TypeScript」では、これらの「オブジェクト」の元になる形を、「インターフェイス」として扱います。

　第3章の図3-1や図3-4でズラズラ出てくる「データ型のようなもの」は、すべてJavaScriptの「オブジェクト」を、「インターフェイス」として表現したものです。

■ TypeScriptで定義する「インターフェイス」

　「インターフェイス」はJavaScriptのオブジェクトを読み換えるだけではありません。積極的に定義して使っていく価値があります。

●データベースのデータのように、「構造」さえあればいい場合

　「インターフェイス」使い方のひとつで、よくある「名前と年齢、住所などを属性にもつメンバ・データ」などは、まさにそれです。
　　　　　　　　　　　　　　　＊
　フォルダ「test1」をコピーして、フォルダ名を「interface1」とします。
　そして、「tscode.ts」に**リスト4-3**を書いてみましょう。
　「Member」という名前の「インターフェイス」を定義したところです。

【リスト4-3】インターフェイス「Member」の定義

```
interface Member{
  firstName: string;
  lastName: string;
  age: number;
}
```

　リスト4-3に示したように、「インターフェイス」を定義するには、「波括弧」の中に、「属性名」とその値の「データ型」を「コロン」で結合してペアにしたも

第4章 「インターフェイス」と「クラス」

のを、「セミコロン」で区切りながら列記していきます。

●「インターフェイス」のデータ型をもつオブジェクト

インターフェイス「Member」の構造をもつ変数を作ってみましょう。

＊

リスト4-3の後に、**リスト4-4**を書きます。

リスト4-4では、各属性値に適切な型のデータを与えて作ったオブジェクトを、変数「jane」に与えます。

このとき、「jane」のデータ型は「Member型」となります。

【リスト4-4】「Member型」の変数「jane」

```
let jane = {
  firstName:"ジェーン",
  lastName: "オールマン",
  age:18
};
```

しかし、**リスト4-4**では、インターフェイス「Member」が定義されていることを知っていないと、「TypeScript」なのか、それとも「JavaScriptのオブジェクト」を併用的に書いているのか、分かりません。

そのようなときは、**リスト4-5**のように「データ型」を明記した上で、値を与えることができます。

リスト4-5では、**リスト4-4**の後に、もうひとつ「Member型」のオブジェクトを追加しています。

【リスト4-5】「Member型」であることを明記

```
let mike: Member={
  age: 25,
  lastName: "シンクレア",
  firstName:"マイケル"
};
```

リスト4-5では、あえて「属性」と「属性値」の指定順序を、**リスト4-4**と変えてみたことにも注目してください。

属性がどのような順番で定義されていようと、同じオブジェクトになります。

●オブジェクトから「属性値」を取り出す

このように作った「インターフェイスの属性値」を、それぞれ取り出してみましょう。

たとえば、「jane」の属性「age」の値であれば、「jane.age」です。

リスト4-6では、「jane」と「mike」について、それぞれ属性「age」の値を取り出し、大きさを比較しています。

リスト4-5の後にリスト4-6を書いて、「interface1」の「tscode.ts」は完成です。

【リスト4-6】「Member型」のオブジェクト」から属性値を取り出して比べる

```
let resultStr= jane.firstName+"は"+ mike.firstName;
if(jane.age > mike.age){
  resultStr += "より年上";
}else if(jane.age < mike.age){
  resultStr += "より年下";
}else{
  resultStr += "と同い年";
}
document.body.innerHTML = resultStr;
```

ビルドして、フォルダ「interface1」の「show.html」をブラウザで開きます。問題なければ、「ジェーンはマイケルより年下」と表示されます。

■ JavaScriptのオブジェクトを、「TypeScript」のデータ型に

「インターフェイス」は、JavaScriptのオブジェクトをなるべく使わず、「TypeScript」のオブジェクトとして使っていくためにも利用されます。

＊

フォルダ「interface1」をコピーして、フォルダ名を「interface2」とします。この「tscode.ts」に書かれた、**リスト4-4～リスト4-6**の中身を利用しつつ、作業します。

まず、**リスト4-4**の前か後（どちらでもよい）に、**リスト4-7**を書いてみましょう。

第4章　「インターフェイス」と「クラス」

【リスト4-7】インターフェイス「TypeScriptElement」

```
interface TypeScriptElement{
  element:HTMLElement;
}
```

リスト4-7で、インターフェイス「TypeScriptElement」を定義しました。

属性「element」のデータ型をJavaScript由来のインターフェイス「HTMLElement」にしてあります。

*

リスト4-7からリスト4-8のようなオブジェクト「bodyElement」を作ります。

いったん作ると、「変数bodyElement」のデータ型は「TypeScriptElement型」となり、JavaScript由来のインターフェイス「HTMLElement」はデータ型の情報から隠されます。

【リスト4-8】オブジェクト「bodyElement」を作成

```
let bodyElement:TypeScriptElement = {element: document.body};
```

リスト4-8の最後の行を、リスト4-9のように書き換えてみましょう。

【リスト4-9】JavaScriptのオブジェクトが隠された

```
bodyElement.element.innerHTML=resultStr;
```

このようにライブラリを作っておくと、そのライブラリを使う人がもしJavaScriptを知らなくても、「TypeScript」だけ知っていればいいことになります。

ビルドして、「interface2」の「show.html」をブラウザで見ると、「interface1」の表示と同じになります。

■「TypeScript」の基本のデータ型を改良

「インターフェイス」を使うと、「TypeScript」の基本のデータ型に属性を付加して、もっと豊かにすることもできます。

*

「test1」などのフォルダをコピーして、フォルダ名を「interface3」とし、「tscode.ts」を編集します。

まず、**リスト4-10**のように書いてみましょう。

【リスト4-10】インターフェイス「NumberString」の定義

```
interface NumberString{
  string:string;
  number:number;
}
```

このインターフェイス「NumberString」は、数字「5」を、「文字」として表わすときと、「数字」として表わすときを厳密に区別できるようにしたものです。

たとえば、「5」と「6」を表わすオブジェクト「five」と「six」を、**リスト4-11**のように作ります。

リスト4-10に続けて書いてみましょう。

【リスト4-11】インターフェイス「NumberString」からオブジェクトを作成

```
let five: NumberString={string: "5", number: 5};
let six: NumberString={string: "6", number: 6};
```

「five」の文字列表現「five.string」は「文字列5」であり、「five.number」は「数値5」です(「six」についても同様)。

*

最後に、**リスト4-12**のように「文字列の結合」と「数値の加算」を比較しましょう。**リスト4-11**に続けて書きます。

【リスト4-12】インターフェイス「NumberString」の属性値を取り出す

```
const comma = ", ";
document.body.innerHTML = five.string+six.string+comma
+(five.number+six.number);
```

第4章　「インターフェイス」と「クラス」

ビルドして、フォルダ「interface3」の「show.html」をブラウザで開き表示を確認すると、「56, 11」という表示になります。

前者は「文字列の5と6の結合」で、後者は「数値の5と6の加算」です。

■ クラスが実装するための「インターフェイス」

「C#」や「Java」などで「インターフェイス」を使ってきた人は、「TypeScript」は「クラスが実装する抽象クラス」のようなものではないのか、と思ったかもしれません。

実は、その使い方もちゃんとあります。次節で使ってみましょう。

4-2　クラス

■「クラス」の定義の基本

●「クラス」とは

いよいよ「クラス」です。「インターフェイス」と比較したクラスの特徴は以下の通りです。

---

①「コンストラクタ」を記述し、「new」キーワードでオブジェクトを新規作成。
②「メソッド」を定義。
③他のクラスを継承し、「インターフェイス」を実装。

「クラス」の書き方、使い方の基本中の基本は**第1章**の**リスト1-1**に示し、その内容は**第2章**でフォルダ「test1」の「tscode.ts」に書きながら紹介しました(**2-2節**)。

このコードを改めて解説する必要はないと思います。

新たに、より実用的なクラスを書いてみましょう。

■ インターフェイスを"参照する"クラスの例

●「インターフェイスのオブジェクト」を作るメソッド

4-1節で「インターフェイス」の構造と使い方を学びましたが、「インターフェイス」だけではあまり便利ではないという思いがあったかもしれません。

そこで、**リスト4-3**以降、ずっとプログラムで使ってきたインターフェイス「Member」を"参照する"クラスを作ってみましょう。

＊

リスト4-3を定義したプロジェクトのフォルダ「interface1」をコピーして、フォルダ名を「class1」に変更します。

「tscode.ts」を編集します。**リスト4-3**のインターフェイス「Member」の定義以外は、すべて消去します。

残した**リスト4-3**の次に、**リスト4-13**のクラス「MemberFactory」の定義を書きます。

インターフェイス「Member」の後に書いてください。

【リスト4-13】クラス「MemberFactory」の定義

```
class MemberFactory{
  createMember(firstName: string, lastName: string,age: number):
Member{
    return{ firstName:firstName, lastName:lastName, age:age};
  }
}
```

リスト4-13のクラス「MemberFactory」は、インターフェイス「Member」の各属性値を受け取って、「Member」オブジェクトを作るためのクラスです。

「MemberFactory」のクラスには、「コンストラクタ」の定義は書かれていません。

「MemberFactory」のオブジェクト自体に、必要な属性値はないからです。

一方、「Member」オブジェクトを生成するためのメソッド「createMember」が定義されています。

このメソッドを通じて、クラスのメソッドの書き方の一例を確認していきましょう。

第4章 「インターフェイス」と「クラス」

●メソッドの「シグニチャ」

まず、メソッドの「シグニチャ」(引数と戻り値の宣言)を見てみましょう。

メソッド「createMember」は引数を3つ取り、「Member」オブジェクトを戻り値とします。

```
メソッド名 createMember        引数 firstName の型は string

class MemberFactory{
    createMember(firstName: string, lastName: string, age: number): Member{
        return{ firstName:firstName, lastName:lastName, age:age};
    }
}
                                       戻り値は Member オブジェクト
```

図4-1 メソッド「createMember」のシグニチャ

●メソッドの「戻り値」

次に、メソッドの中身を見ましょう。

オブジェクトを作って「return文」で戻す作業です。

このオブジェクトについて「属性firstNameの値は、メソッドに渡された引数firstNameの値である」と書いてあります。

```
class MemberFactory{
    createMember(firstName: string, lastName: string, age: number): Member{
        return{ firstName:firstName, lastName:lastName, age:age};
    }
}
   オブジェクト                    このメソッドの引数
          インターフェイス Member の属性
```

図4-2 メソッド「createMember」で戻すオブジェクト

●「オブジェクト」の作成

「MemberFactory」のオブジェクト「factory」を作ります。

*

クラス「MemberFactory」の定義には、特に「コンストラクタ」を定義しなかったので、**リスト4-14**のように「new」を用いて「引数なし」で作ります。

リスト4-13の後に書いてください。

【リスト4-14】引数なしでオブジェクトを作成
```
let factory = new MemberFactory();
```

オブジェクト「factory」がメソッド「createMember」を呼びます。
＊
引数「firstName」「lastName」「age」に、それぞれ値を与えます。
リスト4-15のように、メソッドの呼び出しと変数名を「代入演算子」で結ぶと、メソッドの戻り値が変数に渡されます。
リスト4-14の後に書いてください。

【リスト4-15】オブジェクト「factory」がメソッドを呼ぶ
```
let jane = factory.createMember("ジェーン", "オールマン", 18);
let mike = factory.createMember("マイク", "シンクレア", 19);
```

変数「jane」「mike」には、こうしてそれぞれ異なる「Member」オブジェクトが渡されました。

●「オブジェクト」から「属性値」を取り出す
属性「firstName」「age」を取り出して、表示する記述を書きましょう。
＊
リスト4-15の後に、リスト4-16を書いて完成です。

【リスト4-16】オブジェクト「jane」と「mike」から、「属性値」を取り出す
```
const br = "<br>";
document.body.innerHTML = jane.firstName+"さんは"+jane.age+"歳"
            +br+ mike.firstName+"さんは"+mike.age+"歳";
```
＊
以上、リスト4-3から始めて、リスト4-13～リスト4-16までを続けて書きます。

ビルドして、フォルダ「class1」の「show.html」をブラウザで開いてみましょう。
「ジェーンさんは18歳、マイクさんは19歳」と表示されます。

第4章 「インターフェイス」と「クラス」

■インターフェイスを"参照する"クラスの例

●「インターフェイス」の属性に「関数」を指定

「インターフェイス」を実装して「クラス」を作るという方法を試します。

その中で、また別の「コンストラクタ」「メソッド」の定義方法を確認しましょう。

*

フォルダ「class1」をコピーして、フォルダ名を「class2」にしてください。

そして、「tscode.ts」を書き換えていきます。

リスト4-3以来ずっと使ってきたインターフェイス「Member」に、リスト4-17のように「メソッドのシグニチャ」を加えます。

【リスト4-17】インターフェイス「Member」に「メソッドのシグニチャ」を加える

```
getMemberFullName():string;
```

これは、文法的には以下のような構造です。

---

①属性名は、「getMemberFullName( )」という。
②属性値はこのメソッドの戻り値である。

これが、「TypeScript」においては、「クラスで実装させるための、インターフェイスの抽象メソッド」に相当する書き方になります。

●「インターフェイス」を実装する宣言

リスト4-17のように記述を加えた、インターフェイス「Member」を実装するクラスを定義しましょう。

「NormalMember」というクラスです。

実装は、リスト4-18のようにキーワード「implements」で表わします。

【リスト4-18】クラス「NormalMember」、インターフェイス「Member」を実装

```
class NormalMember implements Member{
   //これから書いていく
}
```

●「属性」と「コンストラクタ」

「インターフェイス」を実装するといっても、「属性」の宣言は省略できません。リスト4-19のように「属性」を宣言し、「コンストラクタ」を定義します。リスト4-18の、「これから書いていく」とコメントしたところに書いていきます。

【リスト4-19】「属性」と「コンストラクタ」

```
firstName:string;
lastName:string;
age:number;

constructor(firstName:string, lastName:string, age:number){
  this.firstName=firstName;
  this.lastName=lastName;
  this.age = age;
}
```

リスト4-19まで書いた時点で、「VSCode」では図4-3のようなエラーが出るでしょう。

しかし、問題はありません。リスト4-18でインターフェイス「Member」に加えたメソッド「getMemberFullName()」を「まだ実装していない」というエラーです。

つまり、これが出るということは「インターフェイスとクラスの実装関係が成立している」といういい事象です。

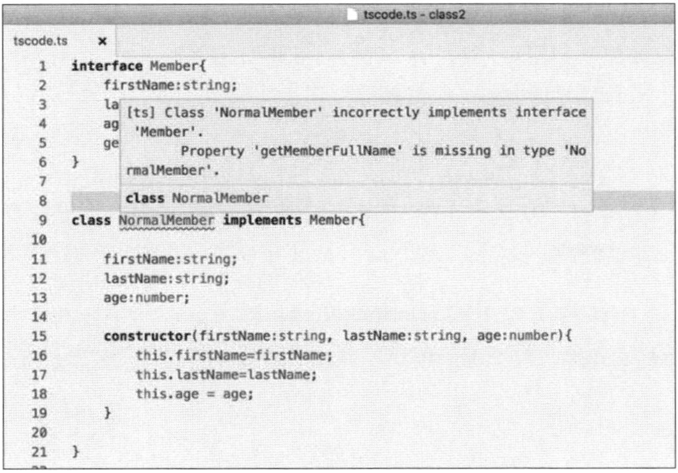

図4-3 ここでエラーが出るのはいいこと

第4章 「インターフェイス」と「クラス」

● 「メソッド」の実装

さっそく「メソッド」を実装しましょう。
リスト4-20のように、メソッド「getMemberFullName()」を定義します。
リスト4-19の直後に書いてください。

【リスト4-20】メソッド「getMemberFullName」

```
getMemberFullName(): string{
  return this.firstName +"・"+this.lastName+"さん";
}
```

「TypeScript」では、メソッドの中でオブジェクトの属性を用いるとき、必ず「this」をつけなければなりません。

変数名が、他の変数名と区別できそうかということとは、関係のない決まりです。

「VSCode」では、「this」と打つと、属性が補完候補に挙がります。

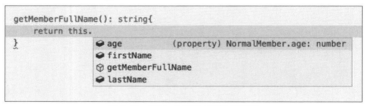

図4-4　「this」の後、補完される

● 「オブジェクト」を作って、「メソッド」を呼び出す

クラス「NormalMember」の定義は、以上で完成です。

＊

トップレベルにおいて、オブジェクト「jane」を作ってみましょう。
オブジェクトは、**リスト4-21**のように、「new」キーワードで作ります。
引数に、「属性値」をすべて渡さなければなりません。

【リスト4-21】クラス「NormalMember」のオブジェクト「jane」

```
let jane = new NormalMember("ジェーン", "オールマン", 18);
```

＊

オブジェクト「jane」の属性値を表示するため、メソッド「getMember

[4-2] クラス

FullName()」を呼び出します。

戻り値は、変数「resultStr」で受けます。

【リスト4-22】「オブジェクト」が「メソッド」を呼び出し、戻り値は「変数」に
```
let resultStr = "";  //文字列として初期化
resultStr = jane.getMemberFullName();
```

リスト4-22で「jane.」と打つと、「属性」や「メソッド」が補完候補に挙がります。

```
let jane = new NormalMember("ジェーン", "オールマン", 18);
resultStr = jane.
            ● age          (property) NormalMember.age: number
            ● firstName
            ◎ getMemberFullName
            ● lastName
```

図4-5 「jane」の「属性」や「メソッド」が補完される

*

最後に、**リスト4-23**で「resultStr」の内容を表示します。いままで何度も使った表現です。

このように一度、表示文字列を「resultStr」に受けたのは、この後さらに表示内容を増やしていく予定だからです。

【リスト4-23】いままで何度も出てきた
```
document.body.innerHTML=resultStr;
```

ビルドして、フォルダ「class2」の「show.html」を、ブラウザで開いてみましょう。「ジェーン・オールマンさん」と表示されます。

*

このプロジェクトはこれで完成ということで、フォルダ「class2」をコピーして名前を「class3」にします。

新しいフォルダの「tscode.ts」を編集していきましょう。

第4章 「インターフェイス」と「クラス」

■ 他のクラスを継承するクラス

●「継承」の宣言

フォルダ「class3」の「tscode.ts」には、クラス「NormalMember」が定義されています。

このクラスを継承する、「PremiumMember」を定義しましょう。

*

リスト4-18の後に、リスト4-24のように、まずクラス「PremiumMember」の枠組みを書きます。

継承するキーワードは「extends」です。

【リスト4-24】他のクラスを継承するクラスの宣言

```
class PremiumMember extends NormalMember{
  //ここにさらに書いていく
}
```

継承関係にある2つのクラスのうち、「継承元」(NormalMemberに相当)を「スーパークラス」、「継承したほう」(PremiumMemberに相当)を「サブクラス」と呼びます。

●「メソッド」の再定義

「サブクラス」では「スーパークラス」にない「属性」や「メソッド」を新たに定義できますが、今回はしません。

その代わり、メソッド「getMemberFullName」の内容を「再定義」します。

リスト4-24で「ここにさらに書いていく」と書いたところに、リスト4-25のようにメソッド「getMemberFullName()」を定義します。

【リスト4-25】サブクラスのメソッド「getmemberFullName()」

```
getMemberFullName():string{
  return super.getMemberFullName()+" 毎度ありがとうございます";
}
```

「super」という語に注意してください。これが「スーパークラスのオブジェクト」を仮定したものです。

「super.getMemberFullName()」は、「NormalMember」に定義された「getMemberFullName()」の戻り値になります。

それに、さらに「" 毎度ありがとうございます"」という文字列を加えたのが、「PremiumMember」のメソッドの戻り値になります。

＊

「super」が「NormalMember」のオブジェクトを仮定しているということは、「VSCode」で「super」に対して、メソッド「getMemberFullName()」が補完されることで確認できます。

```
class PremiumMember extends NormalMember{
    getMemberFullName():string{
        return super.
    }                  ⓢ getMemberFullName  (method) NormalMember.getMem…
}
```

図4-6 「super」に対して、「スーパークラスのメソッド」が補完される

●「オブジェクト」の作成と、「メソッド」の呼び出し

サブクラス「PremiumMember」のオブジェクト「mike」を作り、メソッド「getMemberFullName()」を呼び出してみましょう。

＊

リスト4-21の後に、同じ形式でリスト4-26を書きます。

【リスト4-26】「PremiumMember」クラスのオブジェクト「mike」
```
let mike = new PremiumMember("マイケル", "シンクレア", 19);
```

リスト4-22の「resultStr」の値を、リスト4-27のように書き換えます。

【リスト4-27】「mike」が呼び出す「getMemberFullName()」の戻り値も加える
```
resultStr =
  jane.getMemberFullName()+"<br>"+mike.getMemberFullName();
```

ビルドして「show.html」を開くと、リスト4-28のようになります。

【リスト4-28】フォルダ「class3」の「show.html」の表示

```
ジェーン・オールマンさん
マイケル・シンクレアさん　毎度ありがとうございます
```

第4章 「インターフェイス」と「クラス」

■「インターフェイス」を引数にとるメソッド

●「NormalMember」も「PremiumMember」も

さて、「クラス」が「インターフェイス」を実装すると、何がいいのでしょうか。

それは、引数や戻り値などに「同じインターフェイスを実装するクラスであれば何でもいい」ことを示すのに、「インターフェイス」を指定すればいいからです。

上記の「class3」の例であれば、オブジェクトのデータ型がクラス「NormalMember」でも「PremiumMember」でもいいというときに、そのオブジェクトのデータ型を「Member」で表わすことができます。

●「Member型」のデータを扱うクラス「MemberViewer」

以上、「同じインターフェイスを実装するデータ型をまとめて扱える」ことを確かめてみましょう。

これまで編集していたフォルダ「class3」をコピーして、フォルダ「class4」を作り、その「tscode.ts」に加筆していきます。

＊

クラス「PremiumMember」を定義した後に、新しいクラス「MemberViewer」を定義しましょう。

【リスト4-29】新しいクラス「MemberViewer」の定義

```
class MemberViewer{
    //これから定義していく
}
```

まず定義するのは、「属性」です。

リスト4-30の属性「memberArray」は「Member型」、すなわち「NormalMember」か、「PremiumMember」のデータ型のオブジェクトを格納する配列です。

【リスト4-30】「Member型」のオブジェクトを格納する配列

```
memberArray :Member[];
```

この配列は、「コンストラクタ」で初期化しておきます。外からの引数は取らず、ただ属性「memberArray」を「空の配列」とします。

[4-2] クラス

要素のデータ型が決まっている(リスト4-30で決めた)配列を、「空の値」で初期化するには、リスト4-31のように書きます。

【リスト4-31】クラス「MemberViewer」のコンストラクタ

```
constructor(){
  this.memberArray= new Array();
}
```

● クラス「MemberViewer」のメソッド

クラス「MemberViewer」に2つのメソッドを定義します。

① addMember

これは、配列である属性「memberArray」に、「Member型」、すなわち「NormalMember型」または「PremiumMember型」のオブジェクトを追加するメソッドです。

【リスト4-32】クラス「MemberViewer」のメソッド「addMember」

```
addMember(member:Member):void{
  this.memberArray.push(member);
}
```

リスト4-32のリスト「addMember」は、「Member型」の引数「member」をとり、値は戻さないので戻り値に「void型」を指定します。

リスト4-32で用いているメソッド「push」は、JavaScriptで配列に要素を追加するメソッドです。

② showMembers

これは、属性「memberArray」の要素を取り出して表示するメソッドです。

【リスト4-33】クラス「MemberViewer」のメソッド「showMembers」

```
showMembers():string{
  let showStr = "";
  const br = "<br>";
  for(let member of this.memberArray){
      showStr += member.getMemberFullName()+br;
  }
  return showStr.substr(0, showStr.length-br.length);
}
```

第4章 「インターフェイス」と「クラス」

　メソッド「showMembers」は、引数をとりません。戻り値は「文字列」です。
　メソッドの中で変数「resultStr」を定義し、「memberArray」の要素を1つずつ取り出してその内容を文字列にして加えていきます。
　その仕組みが、**図4-7**です。

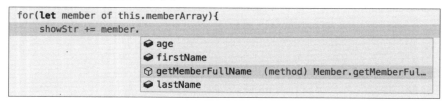

図4-7　「member」には、「Member型」のオブジェクトが渡されているはずなので、補完される

　図4-7は、**リスト4-33**の中で、「memberArray」から要素を取り出す繰り返し処理を書くときに、「VSCode」が行なってくれるコード補完の様子を示したものです。
　「要素のデータ型はMember」と決まっている配列の要素を、一時的な変数「member」に与えたので、「VSCode」では「member」が「getMemberFullName」を呼び出せるように補完されます。

＊

　リスト4-33で値を戻す最後の処理には、**リスト3-26**（3-3節）と同じ工夫をします。
　その仕組みが、**図4-8**です。

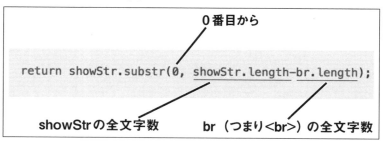

図4-8　最後の要素だけから「\<br\>」をとる工夫

　リスト4-33の繰り返し処理では、最後の要素に文字列「br」がつけられます。
「br」は「\<br\>」タグなので、最後の要素には不要です。
　そこで、文字列に使えるJavaScriptのメソッド「subStr」で、「0番目」から「showStrの全文字数-brの全文字数」だけ文字数をとります。

これで、末尾の「
」タグだけが除かれます。

*

以上で、クラス「MemberViewer」の定義は完成です。

● クラス「MemberViewer」のオブジェクトを使ってみよう

トップレベルで、クラス「MemberViewer」のオブジェクト「viewer」を作ります。

そして、「viewer」に対し、メソッド「addMember」や「showMembers」を使ってみましょう。

*

トップレベル処理を、**リスト4-34**のように大幅に書き換えます。

【リスト4-34】トップレベルの処理

```
let viewer = new MemberViewer();
viewer.addMember(new NormalMember("ジェーン", "オールマン",18 ));
viewer.addMember(new PremiumMember("マイク", "シンクレア",19 ));

let resultStr = "";
resultStr = viewer.showMembers();
document.body.innerHTML= resultStr;
```

ビルドして、「show.html」で結果を確認してください。

「class3」の「show.html」と、同じ結果になります。

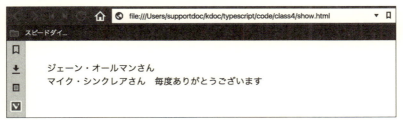

図4-9 「class4」の「show.html」など、完成した結果

*

以上、「インターフェイス」と「クラス」の基本的な事項でした。

どちらにも、まだまだ面白い性質はありますが、それは次章で「関数」の定義とともに、じっくり学びましょう。

「関数」と「クラス」「インターフェイス」

文法の基本のクライマックスは、「関数」と言っていいでしょう。
これまで習ったことが、「関数」を使うことによって、より豊かに記述できるようになります。

第5章 「関数」と「クラス」「インターフェイス」

5-1 「関数」の基本

■「関数」とは

●簡単な「関数」の例

「TypeScriptの関数」とは、リスト5-1に示すようなものです。

【リスト5-1】関数「add」

```
function add(x:number, y:number):number{
  return x+y;
}
```

リスト5-1の特徴は、以下の2つです。図5-1で確認してください。

---

①最初に「function」という宣言をする(JavaScriptと同じ)。
②「シグニチャ」(「引数」および「戻り値」のデータ型を指定すること)の記述。

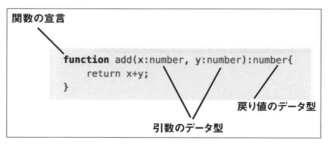

図5-1 「関数」のシグニチャ

*

関数「add」を用いたプログラムを完成させましょう。
フォルダ「numbers」をコピーして名前を「numberfunc」に変更します。
そして、フォルダを開いて、「tscode.ts」を編集します。

まず、リスト5-1の関数「add」を書きます。
続けて、この関数を利用するトップレベルの処理を、リスト5-2のように書いてください。

[5-1] 「関数」の基本

【リスト5-2】関数「add」を使うトップレベルの処理

```
let numA = 3.5;
let numB = 2;

let resultStr:string;
resultStr = `${numA}と${numB}を足すと${add(numA, numB)}`;
document.body.innerHTML = resultStr;
```

リスト5-2では、図5-2の部分で、関数「add」の引数に変数「numA」「numB」を渡して呼び出しています。

「戻り値」が文字列の中に埋め込まれます。

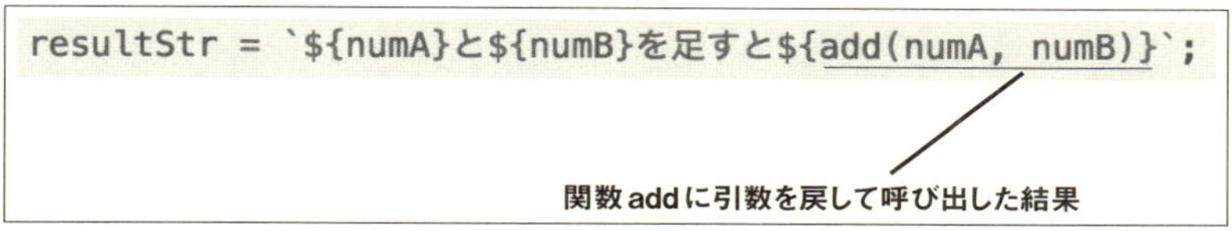

```
resultStr = `${numA}と${numB}を足すと${add(numA, numB)}`;
```
関数addに引数を戻して呼び出した結果

図5-2　関数「add」を呼び出しているところ

ビルドして、フォルダ「numberfunc」の「show.html」をブラウザで開くと、「3.5と2を足すと5.5」と表示されます。

■「関数」と「メソッド」の違い

●「小数の計算」の不具合を解決する関数

クラスの「メソッド」と、「関数」の最も大きな違いはなんでしょうか。「メソッド」については、以下の項目が特徴です。

①「メソッド」はクラスの中で定義する。
②「メソッド」を使うには、そのクラスのオブジェクトを作って呼び出す。

そこで、**第3章**で「number型」の「小数」を扱ったときに、出てきた不具合を解決する方法を通じて、「関数」と「メソッド」を比べてみましょう。

＊

フォルダ「numberfunc」をコピーして、フォルダ名を「decimalfunc」に変更します。

「tscode.ts」を、以下のように書き換えましょう。

第5章 「関数」と「クラス」「インターフェイス」

まず、リスト5-3のような関数「showMultiplyDecimal」を定義します。

【リスト5-3】関数「showMultiplyDecimal」

```
function showMultiplyDecimal(numA:number, numB:number,
dp:number):string{
  return `${numA}と${numB}を掛けると${(numA*numB).toFixed(dp)}`;
}
```

リスト5-3は完全な解決ではありませんが、いまの目的は「関数」や「メソッド」の書き方なので、これでいきましょう。

この関数では、引数に渡される2つの「number値」を掛けた結果に、JavaScriptのメソッド「toFixed」を用います。

メソッド「toFixed」は、小数を「丸める」(四捨五入)関数で、小数第何位で丸めるかを引数に渡します。

そこで、この関数の3番目の引数「dp」を「toFixed」の引数に与えます。

*

リスト5-3の後に、トップレベルの処理としてリスト5-4を書きます。

【リスト5-4】トップレベルの処理

```
let numA = 3.5;
let numB = 2;
let dp =1;
document.body.innerHTML = showMultiplyDecimal(numA, numB, dp);
```

ビルドして、フォルダ「decimalfunc」の「show.html」をブラウザで確認すると、「3.5と2を掛けると7.0」と表示されます。

●「クラスのメソッド」として定義するには

関数であった「showMultiplyDecimal」を、「クラスのメソッド」として定義してみましょう。

*

フォルダ「decimalfunc」をコピーして、フォルダ名を「decimalclass」に変更します。

そして、「tscode.ts」の中身をリスト5-5のように書き換えましょう。

[5-1] 「関数」の基本

【リスト5-5】フォルダ「decimalclass」の「tscode.ts」
```
class DecimalMultiplier{
  showMultiplyDecimal(numA:number, numB:number,
  dp:number):string{
    return `${numA}と${numB}をかけると${(numA*numB).toFixed(dp)}`;
  }
}
let numA = 3.5;
let numB = 2;
let dp = 1;
document.body.innerHTML =
  new DecimalMultiplier().showMultiplyDecimal(numA, numB, dp);
```

 ビルドして、フォルダ「decimalclass」の「show.html」をブラウザで確認すると、フォルダ「decimalfunc」の「show.html」の表示と同じになります。

 リスト5-5では、クラス「DecimalMultiplier」の定義の中にメソッド「showMultiplyDecimal」を定義しています。
 そこで、このメソッドを使うには、面倒ですが一度新しい「DecimalMultiplier」のオブジェクトを作って、そこから呼び出さなければなりません。

● 「クラスのメソッド」を関数に近くする「static」
 実は、クラスのメソッドをもっと簡単に書く方法があります。
 「static」という修飾子とともに定義すると、それは「クラスから新規作成する複数のオブジェクトの1つ」ではなく、「クラス名をもつ唯一のオブジェクト」が呼び出すメソッドになるのです。

*

 ひとつ試してみましょう。
 フォルダ「decimalclass」をコピーして、フォルダ名を「decimalstatic」に変更します。

 「tscode.ts」の中身を書き換えましょう。
 まず、リスト5-6のように、クラスの定義の中でメソッドを修飾子「static」をつけて定義します。

第5章 「関数」と「クラス」「インターフェイス」

【リスト5-6】「static」をつけて定義するメソッド

```
class StaticDecimalMultiplier{
  static showMultiplyDecimal(numA:number, numB:number,
  dp:number):string{
    return `${numA}と${numB}をかけると${(numA*numB).toFixed(dp)}`;
  }
}
```

 このメソッドを用いるには、**リスト5-7**に書くトップレベルの処理のように、クラス名「StaticDecimalMultiplyer」に「ドット」をつけて、メソッドを呼び出します。

【リスト5-7】「static」なメソッドをトップレベルで用いる

```
let numA = 3.5;
let numB = 2;
let dp = 1;
document.body.innerHTML =
  StaticDecimalMultiplier.showMultiplyDecimal(numA, numB, dp);
```

 ビルドして、フォルダ「decimalstatic」の「show.html」をブラウザで確認すると、フォルダ「decimalfunc」の「show.html」などの表示と同じになります。

*

 以上の例で、「関数」と「クラスのメソッド」の文法的な違いを確認しました。以降で、さらに「関数」の特徴を理解していきましょう。

5-2 値としての「関数」

■「変数名」がつけられる

●「変数名」が「関数名」になる

「関数」は、「値として」の使用が重要な働きをもちます。

「値として」使える特徴のひとつは、「変数名」をつけられることです。リスト5-8を見てください。

【リスト5-8】「関数」に「変数名」をつける

```
let calc = function(a:number, b:number):number{
  return a+b;
};
```

「関数に変数名をつける」とは、「変数に値としての関数を渡す」ことです。リスト5-8では、変数名は「calc」です。

変数に値として「関数」を渡す場合、「関数」を定義する形式とは異なる重要な点が2つあります。

①「変数名」があるので、「function」の後に関数名は書かない。
②「代入式」なので、最後に「セミコロン」をつける。

図5-3で、リスト5-8の構造を確認してください。

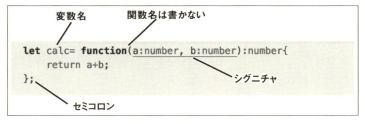

図5-3 「関数」に「変数名」をつける書き方

このように変数に渡された「関数」を用いるには、リスト5-9のようにします。

これまでのように、「定義した関数」と同じような呼び出し方です。

第5章 「関数」と「クラス」「インターフェイス」

【リスト5-9】「変数名」をつけられた「関数」を用いる

```
let numA = 3;
let numB = 2;
//この後さらに追記
document.body.innerHTML = calc(numA, numB).toString();
```

このプログラムを書いてみましょう。

*

フォルダ「numberfunc」をコピーして、フォルダ名を「funcvariable」とします。
そして、フォルダを開き、「tscode.ts」の中身を書き換えます。
リスト5-8に続けて、**リスト5-9**を書きましょう。

ビルドして、フォルダ「funcvariable」の「show.html」をブラウザで開くと、「5」と表示されます。

●変数に渡す利点

「関数」を変数に渡すと、何がいいのでしょうか。
たとえば、「変数」なので、値として別の「関数」に変更できる良さがあります。

*

リスト5-8〜**リスト5-9**を書いた、「funcvariable」の「tscode.ts」に追記します。
リスト5-9の「この後さらに追記」とコメントしたところに、**リスト5-10**を書いてみましょう。

【リスト5-10】変数「calc」の中身を、別の関数に

```
if(numA > numB){
  calc = function(a:number, b:number):number{
    return a-b;
  };
}
```

ビルドして「funcvariable」の「show.html」をブラウザで開き、表示を確認しましょう。
こんどは「1」と表示されます。

リスト5-9に書いた通り、「numA」は「3」、「numB」は「2」で、「numA >numB」なので、変数「calc」の値になる関数が変更されたのです。

[5-2] 値としての「関数」

変数「calc」の値として関数だけをそっくり変更したので、その後の記述を変更する必要はありません。

● 「空の値」で「関数」を定義

「変数」はデータ型だけを指定すれば、値は「空」でも宣言できることを試してきました。

では、「この変数は関数型だが、値はまだ空」ということを、どのように宣言すればいいのでしょうか。

「関数」の場合、「空」と言っても「シグニチャ」(引数と戻り値)は指定しなければなりません。リスト5-11のようになります。

【リスト5-11】「シグニチャ」だけで「関数」を宣言
```
let calc:(a:number, b:number)=>number;
```

リスト5-11では、「=>」という記号が出てきました。

それは、変数の型定義のときに「コロン」をつけなければならないので、混同を避けるために、戻り値の指定に別の記号を使うと考えてください。

*

この使い方を実際のプログラムで体験してみましょう。

フォルダ「funcvariable」をコピーして、フォルダ名を「funcsigniture」とします。

フォルダを開き、「tscode.ts」の中身をリスト5-12のように書き換えます。これは、「tscode.ts」の全文になります。

【リスト5-12】フォルダ「funcsigniture」の「tscode.ts」
```
let calc:(a:number, b:number)=>number;

let numA = 3;
let numB = 3;

if (numA>numB){
  calc = function(a:number, b:number):number{
    return a-b;
  }
}else if (numA<numB){
  calc = function(a:number, b:number):number{
```

第5章 「関数」と「クラス」「インターフェイス」

```
    return a+b;
  }
}else{
  calc = function(a:number, b:number):number{
    return a*b;
  }
}

document.body.innerHTML = calc(numA, numB).toString();
```

 ビルドして、フォルダ「funcsigniture」の「show.html」をブラウザで開いてみましょう。
 「9」と表示されます。これは、**リスト5-12**で「numA」と「numB」に等しい値「3」を与えたため、演算「a*b」を行なう関数が「calc」の値として渡されたからです。

●「関数」の配列

 「シグニチャ」が同じで内容の異なる「関数」を、それぞれ変数に代入すると、それらの変数を用いて簡単に「関数の配列」を作ることができます。

＊

 「funcsigniture」などのフォルダをコピーして、フォルダ名を「funcarray」に変更します。
 そして、「tscode.ts」を書き換えましょう。

 まず、**リスト5-13**のように、変数「add」「sub」「multi」「div」に、それぞれ「シグニチャ」は同じで中身の異なる「関数」を渡します。

【リスト5-13】「シグニチャ」は同じで、中身の異なる「関数」

```
let add= function(a:number, b:number):number{
  return a+b;
};

let sub= function(a:number, b:number):number{
  return a-b;
};

let multi= function(a:number, b:number):number{
  return a*b;
};

let div= function(a:number, b:number):number{
```

```
    return a/b;
};
```

次に、配列「calcs」を宣言し、**リスト5-14**の変数を要素とする「配列」の値を与えます。

【リスト5-14】配列「calcs」
```
let calcs = [add, sub, multi, div];
```

これで、**リスト5-15**のような繰り返しができます。

【リスト5-15】「配列」から「関数」を取り出して、同じ引数を与える
```
let numA = 3;
let numB = 2;

const br = "<br>";
let resultStr="";

for (let calc of calcs){
  resultStr +=  calc(numA, numB)+br;
}
document.body.innerHTML=resultStr;
```

リスト5-15で「繰り返し処理」のため用いた一時的な変数「calc」は、「VSCcode」では関数の型として示されます。

```
22
23      for (let calc of calcs){
24          resultStr += calc
25      }                        🔧 calc    let calc: (a: number, b: number) => number
26                               🔧 calcs
27      document.body.innerHTM   •○ MSAudioLocalClientEvent
28                               🔧 MSLocalClientEvent
                                 •○ MSLocalClientEventBase
```

図5-4　変数「calc」は、「関数」の型をもつ

*

フォルダ「funcarray」の「tscode.ts」を、**リスト5-13〜リスト5-15**のように書いたら、ビルドして「show.html」の表示をブラウザで確認しましょう。**リスト5-16**のように表示されます。

第5章 「関数」と「クラス」「インターフェイス」

【リスト5-16】フォルダ「funcarray」の「show.html」の表示

```
5
1
6
1.5
```

■ クラスの属性となる

●「計算する関数」を属性にもつクラス

関数が「値」であるということは、クラスの「属性」にできるということです。

「関数」を属性にとるクラス「Calculator」を定義し、その属性「calc」の値に異なる関数を与えて、複数のオブジェクトを作ってみましょう。

*

「funcsigniture」のようなフォルダをコピーして、フォルダ名を「funcclassparam」にします。

フォルダを開いて「tscode.ts」を編集していきましょう。

まず、クラス「Calculator」を定義します。
リスト5-17のように属性を定義してください。

【リスト5-17】クラス「Calculator」に属性を定義

```
class Calculator{
  calcStr:string;
  calc:(a:number, b:number) =>number;
  //この後もっと書く
}
```

リスト5-17で宣言した属性のうち、「calcStr」は計算の方法を説明するための文字列です。

属性「calc」が、「関数」を値にとる属性です。
「シグニチャ」で型を宣言しています。
引数が「number型」の「a」「b」、戻り値が「number型」です。

●「関数」を引数に取るメソッド

「異なる関数を属性値にもつオブジェクト」なので、コンストラクタの引数

に「関数」を置かなければなりません。

そこで、このクラスのコンストラクタは、**リスト5-18**のようになります。**リスト5-17**で、「この後もっと書く」とコメントしたところに書いてください。

【リスト5-18】「関数」を引数に取るコンストラクタ

```
constructor(calcStr:string, func :(a:number, b:number)=>number){
  this.calcStr = calcStr;
  this.calc = func;
}
```

リスト5-18における引数「func」の型定義の仕方を、**図5-5**で確認してください。

引数の型定義が正しくできていれば、コンストラクタの内容は普通の代入文になります。

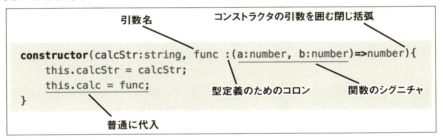

図5-5 「関数」の値を渡す、引数「func」の書き方

●「関数」の属性を使うメソッド

属性「calc」を、「関数」として使うメソッドを定義しましょう。

＊

クラス「Calculator」の定義の中、**リスト5-18**のコンストラクタの後に続けて、**リスト5-19**のメソッド「doCalc」を定義します。

【リスト5-19】メソッド「doCalc」

```
doCalc(a:number, b:number):string{
  return `${a}と${b}の${this.calcStr}: ${this.calc(a, b)}`;
}
```

リスト5-19のメソッド「doCalc」の引数「a」「b」は、クラスとは関係なく、外から値を渡して使うものです。

戻り値は、「文字列」です。

メソッド「doCalc」の中では、属性「calc」は「this.calc」と書かれますが、引数が与えられます。

メソッド「doCalc」に与えられた「a」「b」の値が、そのまま属性「calc」の引数に渡るように書いてあります。

*

これで、クラス「Calculator」の定義は完了です。

●「関数」を属性に渡して、オブジェクトを作成

では、トップレベルでこのクラス「Calculator」のオブジェクトを作っていきましょう。

*

リスト5-20は、属性「calcStr」に文字列「'足し算'」、属性「calc」に関数を渡してオブジェクトを新規作成し、変数「calculatorAdd」に代入したものです。

【リスト5-20】他のクラスを継承するクラスの宣言

```
let calculatorAdd = new Calculator('足し算',
  function(a:number, b:number):number{return a+b;});
```

リスト5-20で、引数として渡しているのは「無名の関数」です。
その書き方は、リスト5-21の通りです。

【リスト5-21】引数として渡される関数の書き方

```
function(a:number, b:number):number{return a+b;}
```

リスト5-21の構造を、図5-6で確認してください。

```
オブジェクト
         ↓                              属性calcStrの値
                                              ↓
let calculatorAdd = new Calculator('足し算',
    function(a:number, b:number):number{return a+b;});
    ─────────────────────────────────────────────
         ↑
    無名の関数、これ全部が属性calcの値
```

図5-6　クラス「Calculator」のオブジェクトを新規作成

さらに、図5-6で「無名の関数」となっている箇所を、図5-7で確認してください。

```
let calculatorAdd = new Calculator('足し算',
  function(a:number, b:number):number{return a+b;});
```
         シグニチャ   関数の中身

図5-7 「図5-6」の中で、特に「無名関数」の書き方

次に、「属性calcStrの文字列」と、「calcの関数」の中身を変えて、オブジェクト「calculatorSub」を作ります。

【リスト5-22】もう1つの「Calculator」オブジェクト

```
let calculatorSub = new Calculator('引き算',
  function(a:number, b:number):number{return a-b;});
```

● オブジェクトの属性としての関数を使う

リスト5-20〜リスト5-22でオブジェクトに渡した関数は、それぞれのオブジェクトが呼び出すメソッド「doCalc」で用います。

どちらのオブジェクトから呼び出すかで、メソッド「doCalc」の内容は変わってくるわけです。

【リスト5-23】異なるオブジェクトが、メソッド「doCalc」を呼び出す

```
const br = "<br>";
document.body.innerHTML =
  calculatorAdd.doCalc(2,3)+br+calculatorSub.doCalc(9,7);
```

リスト5-23では、どちらのオブジェクトもメソッド「doCalc」を呼び出していますが、それぞれのオブジェクトのほうがメソッドで呼び出す関数の内容を保持しています。

そのため、「calculatorAdd」と「calculatorSub」では、処理が異なってきます。

第5章 「関数」と「クラス」「インターフェイス」

```
document.body.innerHTML =
  calculatorAdd.doCalc(2,3)+br+calculatorSub.doCalc(9,7);
```
　　　足し算の関数を呼ぶ　　　　　　　引き算の関数を呼ぶ

図5-8　「リスト5-23」で重要な部分

トップレベルの処理は、**リスト5-20**、**リスト5-22**、**リスト5-23**を書いて、完了です。

＊

ビルドして、「show.html」をブラウザで開き、結果を確認してください。**リスト5-24**のように表示されます。

【リスト5-24】フォルダ「funcclassparam」の「show.html」

```
2と3の足し算： 5
9と7の引き算： 2
```

図5-9　「リスト5-24」の構造

＊

以上、「TypeScript」でプログラムを書くのに知っておかなければならない最も必要な事項を学びました。

次章では、最近のプログラミング仕様で採用されることの多い事項で、「TypeScript」でも便利に使えるものを紹介して、「基礎編」を終わりたいと思います。

一歩進んだ「TypeScript」

この章では、最近のプログラミング仕様によくある、「一歩進んだTypeScriptの書き方」を学びます。

第6章 一歩進んだ「TypeScript」

6-1 オプショナル

■関数の「オプショナル引数」

●「空(から)」かもしれない

「オプショナル」とは、「取捨選択可」という意味で、具体的には「空かもしれない」ことを示します。

関数の引数を「オプショナル」にすると、その引数を与えずに「関数」を呼び出すことができます。

●「オプショナルな引数」をとる関数

「test1」などのフォルダをコピーして、名前を「optionalfunc」にします。
フォルダを開けて「tscode.ts」を書き換えましょう。

＊

まず、**リスト6-1**のように関数「showMember」を定義します。

【リスト6-1】関数「showMember」(オプショナル引数を含む)

```
function showMember(username:string, realname?:string):string{
  let showStr = username;
  if(realname){
    showStr += `(本名：${realname})`;
  }
  return showStr+"さん";
}
```

リスト6-1で、引数「realname」のすぐ後ろに「?」がついています。これが、「オプショナル」を示す記号です。

そこで、関数の中には、「引数realnameが与えられていれば」それを使うという条件文が書いてあります。

●「オプショナルな関数」の呼び出し方

関数「showMember」には、**リスト6-2**のように引数を1つしか与えなくても、エラーは出ません。

この値は、「オプショナルでない引数」の「username」に渡されます。

[6-1] オプショナル

【リスト6-2】引数を1つしか与えず、「関数」が呼べる
```
let cheetah = showMember("チーター");
```

もちろん、**リスト6-3**のように、引数をすべて与えることもできます。

【リスト6-3】引数をすべて与えて、関数を呼ぶ
```
let susie = showMember("スージー", "高崎明子");
```

「tscode.ts」に**リスト6-1**から**リスト6-3**を書き、最後に出力のための**リスト6-4**を書いたら完成です。

【リスト6-4】最後に出力する
```
const br = "<br>";
document.body.innerHTML= cheetah+br+susie;
```

ビルドして「show.html」をブラウザで開くと、**リスト6-5**のように引数「realname」に本名が与えられたときだけ表示されて、成功です。

【リスト6-5】フォルダ「optionalfunc」の「show.html」の表示
```
チーターさん
スージー(本名:高崎明子)さん
```

■「インターフェイス」のオプショナル属性

●「オプショナルな属性」をもつインターフェイス

「オプショナル」は「インターフェイスの属性」としても使うことがあります。

*

フォルダ「optionalfunc」をコピーして、フォルダ名を「optionalinterface」に変更します。

「tscode.ts」の中身を、以下のように書き換えましょう。

まず、**リスト6-6**のように、インターフェイス「Member」を定義します。

第6章 一歩進んだ「TypeScript」

【リスト6-6】「オプショナル属性」をもつインターフェイス

```
interface Member{
  username:string;
  realname?: string;
}
```

リスト6-6では、属性名「realname」のすぐ後に「?」がついています。

●「オプショナルな属性」をもつインターフェイスのオブジェクト

「オプショナルな属性」をもつインターフェイスのオブジェクトは、**リスト6-7**のように作ります。

【リスト6-7】インターフェイス「Member」のオブジェクト2つ

```
let cheetah = {username:"チーター"};
let susie = {username:"スージー", realname: "高崎明子"};
```

リスト6-7は、書いた人の気持ちは「Memberオブジェクト」なのですが、インターフェイス「Member」の定義を知らない人には分かりませんね。

このような場合、型定義も含めて**リスト6-8**のように書けます。

【リスト6-8】リスト6-7のデータ型を明記

```
let cheetah:Member = {username:"チーター"};
let susie:Member = {username:"スージー", realname: "高崎明子"};
```

リスト6-8の上段で、変数「cheetah」には属性「username」の値しか与えられていませんが、データ型を「Member」と定義してもエラーにはなりません。

●「オプショナルな属性」をもつインターフェイスを用いる関数

「オプショナルな属性」をもつインターフェイスのオブジェクトを、関数などで用いる場合は、その属性が「空(から)」である場合を考量しなければなりません。

リスト6-9の関数「showMember」は、「Member」オブジェクトを引数に取りますが、その属性「realname」が「空」の場合を考慮した処理になっています。

[6-1] オプショナル

【リスト6-9】「Member」オブジェクトを用いる、関数「showMember」

```
function showMember(member:Member):string{
  let showStr = member.username;
  if(member.realname){
    showStr += `(本名：${member.realname})`;
  }
  return showStr+"さん";
}
```

　フォルダ「optionalinterface」の「tscode.ts」の中身は、これまでに示したコードを以下の順番で書きます。

---

①リスト6-6（インターフェイス「Member」の定義）
②リスト6-9（関数「showMember」の定義）
③リスト6-8（オブジェクト「cheetah」と「susie」の作成）

　そして、最後にリスト6-10のように出力して、完成です。

【リスト6-10】関数を用いて完成

```
const br = "<br>";
document.body.innerHTML= showMember(cheetah)+br+showMember(susie);
```

　リスト6-10では、「Member」オブジェクトを引数に取る関数「showMember」に、オブジェクト「cheetah」を渡しています。
　オブジェクト「cheetah」は、属性「username」しか与えられていませんが、関数「showMember」に渡してもエラーになりません。

　ビルドして、フォルダ「optionalinterface」の「show.html」をブラウザで開いてみましょう。
　フォルダ「optionalfunc」の場合と、同じ表示になります。

第6章 一歩進んだ「TypeScript」

■ クラスの「オプショナル属性」は

●「オプショナル」にしなくても対処できる

クラスの「オプショナル属性」は、文法的には必要ありません。

クラスのオブジェクトは、属性がすべて「空(から)」でも作れるからです。

ただし、「空」のままだと後の処理に問題が起きるため、工夫して対処します。

●属性を「空」にしないクラス

クラスのオブジェクトに、属性値が与えられないかもしれない場合の対応について考えてみましょう。

*

フォルダ「optionalinterface」をコピーして、フォルダ名を「optionalclass」とします。

「tscode.ts」を、以下のように書き換えていきます。

まず、リスト6-11のようにクラス「UniversalMember」を定義します。

クラス「UniversalMember」は、2つの属性「username」と「realname」をもちますが、コンストラクタでは引数を取らないように定義しているので、属性値は一切与えずにオブジェクトを作ることになります。

しかし、コンストラクタの中で2つの属性に一時的な値が与えられるので、オブジェクトの属性値が「空」のままで放置される危険はありません。

【リスト6-11】クラス「UniversalMember」の定義

```typescript
class UniversalMember{
  username:string;
  realname:string;

  constructor(){
    this.username = "anonymous";
    this.realname = "匿名";
  }
  //後から属性値を変更するメソッドを与える
}
```

●後から属性を変えてもいい(オプショナル)

その後、リスト6-11でコメントしたようにメソッドを与えればいいのですが、少し工夫しましょう。

リスト6-12のように、メソッドの中でオブジェクトを新規作成し、属性値を与えて、そのオブジェクトを返すというメソッドです。

このようなメソッドは「ファクトリ(工場の意味)メソッド」と呼ばれ、5章で学んだ「static」なメソッドにします。

【リスト6-12】オブジェクトを作る「static」なメソッド

```
static createMember(username?:string,realname?:string ):
UniversalMember{
  let member = new UniversalMember();
  if(username != null){
    member.username = username;
  }
  if(realname !=null){
    member.realname = realname;
  }
  return member;
}
```

リスト6-12で、「オプショナルな引数」を用いてみました。
引数が与えられれば、属性をその引数に変更できるという工夫です。

*

クラス「UniversalMember」の定義の最後に、メソッド「showMember」を定義しておきましょう。

これは属性値を表示するメソッドですが、属性値が「空」になることはあり得ないので、単純に書き出すことができます。

【リスト6-13】属性値を表示するメソッド「showMember」

```
showMember():string{
  return `${this.username} (本名：${this.realname})さん`;
}
```

トップレベルでの処理は、リスト6-14の通りです。

まず「ファクトリ・メソッド」でオブジェクトを作りますが、引数が「オプショナル」なので、1つでも2つでも使えます。

第6章 一歩進んだ「TypeScript」

【リスト6-14】トップレベルの処理。与える引数は1つでも2つでもOK

```
let cheetah= UniversalMember.createMember("チーター");
let susie = UniversalMember.createMember("スージー", "高崎明子");
```

最後に、**リスト6-15**のように出力します。

これで、フォルダ「optionalclass」の「tscode.ts」は完成です。

【リスト6-15】出力する

```
const br = "<br>";
document.body.innerHTML=
  cheetah.showMember()+br+susie.showMember();
```

ビルドして、「show.html」の表示をブラウザで確認しましょう。

リスト6-16のように表示されます。

【リスト6-16】フォルダ「optionalclass」の「show.html」の表示

```
チーター (本名：匿名)さん
スージー (本名：高崎明子)さん
```

リスト6-16では、オブジェクト「cheetah」は属性「realname」を与えずに作ったので、「realname」の部分には初期値の"匿名"が出力されています。

＊

以上、値を与えなくてもエラーにならない「オプショナル」な変数の処理でした。

6-2 ジェネリック

■データ型の指定法

●型は何でもいいが、一度決めたらそれだけ使う

「ジェネリック型」とは、データ型そのものではなく、データ型の「指定法」で、

> データ型は何でもいいが、文字列なら文字列、数値なら数値と決めて、他は使わない

という方法です。

　最もよく使うと思われる「ジェネリック記法」が、配列の型の指定法です。
　これまで、「要素のデータ型だけ示すがまだ要素を与えない」配列を記述するのに、次の**リスト6-17**のような方法で書いていました。
　これは「ジェネリック型」の書き方を勉強していなかったからです。

【リスト6-17】「ジェネリック型」の書き方を使わない、「空の配列」
```
let someStringArray: string[];
someStringArray = new Array();
```

　しかし、変数「someStringArray」に一気に「文字列の配列だがまだ要素はない」という値を与えるには、**リスト6-18**のような型指定をします。

【リスト6-18】「文字列の配列だがまだ要素はない」という値
```
let someStringArray = new Array<string>();
```

　リスト6-18で「<string>」という記法は、「TypeScript」において、「Array」の要素のデータ型指定が「ジェネリック」であることによります。
　具体的には、「Arrayの要素はどんな型でもいいが、型の指定は決めなければならない」という決まりです。
　そこで、「stringである」と決めたのです。

＊

　リスト6-18を実際に使ってみましょう。

第6章 一歩進んだ「TypeScript」

「test1」などのフォルダをコピーして、フォルダ名を「generic1」とします。フォルダを開いて中の「tscode.ts」を書き換えましょう。

まずリスト6-18を書いて、その後にリスト6-19を書けば完成です。

【リスト6-19】「someStringArray」に「文字列」を格納して出力

```
for (let i=1; i<6;i++){
  someStringArray.push(`${i}月`);
}
document.body.innerHTML = someStringArray.toString();
```

ビルドして「show.html」をブラウザで確認すると、リスト6-20のように表示されます。

【リスト6-20】フォルダ「generic1」の「show.html」の表示

```
1月,2月,3月,4月,5月
```

■ なぜジェネリック?

●何かを「ジェネリック」に指定するには

リスト6-18の「Array<string>」という書き方は、「Array」というデータ型を作った人が、私たちに「要素の型はジェネリックなので具体的に型を指定してください」と求めたので、「ではstringにします」と指定しました。

私たちのほうで、たとえば関数を定義するときに、「この引数itemはジェネリックなので具体的に型を指定してください」と求めるには、リスト6-21のようにします(実際に書く必要はありません)。

【リスト6-21】引数「item」の型は、「ジェネリック」です

```
function useGeneric<T>(item:T):string {
  return item.toString();
}
```

この関数に「number型」の引数を与える場合は、リスト6-22のように書きます。

【リスト6-22】関数「useGeneric」を用いる例

```
let numstr = useGeneric<number>(3.1418);
```

しかし、**リスト6-21**はわざわざ「ジェネリック」指定する必要はありません。引数を「Any型」にしておけば充分です。

＊

一方、**リスト6-23**のような関数では、引数と戻り値が同じ「T」ですから、「string」を指定すれば引数も戻り値も「文字列」、「number」を指定すれば「数値」になります(実際に書く必要はありません)。

【リスト6-23】引数と戻り値が同じデータ型になる「ジェネリック型関数」

```
function useGenericAndGet<T>(item:T):T{
  ...何か操作をして、T型の値を戻す
}
```

● より複雑なデータ型を準備する

「文字列」と「数値」だけで議論しても、面白くないですね。
データ型を作り込んでから、「ジェネリック型」に適用しましょう。
いよいよ、実際に書いていきます。

＊

「generic1」のようなフォルダをコピーして、フォルダ名を「generic2」にします。
「generic2」のフォルダを開いて、「tscode.ts」を書き換えていきます。
少し長くなるので、「VSCode」の「コード補完」を利用するか、「ジェネリック」の学習に関係ない部分は、本書サンプルからコピー＆ペーストして、労力を減らしましょう。

まず、**リスト6-24**のような3つのクラス、およびインターフェイスが定義されていたとします。
異なる店のデータベースから集めた商品の、記述方法だと思ってください。
同じような商品なのですが、店によって記述形式が微妙に違うわけです。

【リスト6-24】似ているが違う、3つのデータ型記述法

```
interface YaoyaItem{
  item: string;
  price: number;
}
```

第6章 一歩進んだ「TypeScript」

```typescript
class VgShopGood{
  good:string;
  cost:number;
  constructor(good:string, cost:number){
    this.good = good;
    this.cost = cost;
  }
}

class FieldVg{
  name:string;
  value: number;
  static createVg(name:string, value:number):FieldVg{
    let vg = new FieldVg();
    vg.name = name;
    vg.value = value;
    return vg;
  }
}
```

データ型「YaoyaItem」は、インターフェイスです。

「VgShopGood」と「FieldVg」はクラス定義ですが、前者は「コンストラクタ」、後者は「ファクトリ・メソッド」でオブジェクトを作る仕組みです。

そして3つとも、「商品名」と「値段」を属性としてもつのですが、属性名がみんなバラバラです。

3つのデータ型には、実装や継承の関係はありません。

●3つのデータ型を包含するクラス

そこで、3つのバラバラのデータ型を包含するようなクラス、「MyVg」を作りましょう。

*

リスト6-24の後に、リスト6-25のようにクラス「MyVg」の定義を書きます。「ジェネリック」な型指定を含んでいます。

【リスト6-25】「ジェネリック」な型指定を含む、クラス「MyVg」の定義

```typescript
class MyVg<T>{
  vg:T;
  name:string;
  price:number;
  constructor(vg:T, name:string, price:number){
    this.vg = vg;
    this.name = name;
```

```
    this.price = price;
  }
}
```

　リスト6-25で、クラス「MyVg」は3つの属性をもち、コンストラクタを定義しています。

　属性のうち「vg」は、リスト6-24の3つのデータ型のどれかをとる想定ですが、「ジェネリック」に指定しておきます。

● 「ジェネリック」なクラスのオブジェクト

　「ジェネリック」なクラス、「MyVg」のオブジェクトを作ってみましょう。

　その前に、リスト6-26のように、インターフェイス「YaoyaItem」、クラス「VgShopGood」および「FieldVg」のオブジェクトの例を作っておきます。

【リスト6-26】似ているが、構造が異なる3つのオブジェクト

```
let yaoyaCarrot: YaoyaItem = {item: "にんじん", price: 120};
let shopDaikon = new VgShopGood("だいこん", 90);
let fieldCabbage = FieldVg.createVg("キャベツ", 100);
```

*

　このような構造のオブジェクトから、クラス「MyVg<T>型」のオブジェクトを作るための関数を、3種類作ります。

　「T」として、どのデータ型を用いるかで異なる関数になるわけです。

　リスト6-27では、関数を「定義」の形ではなく、「let」で宣言した変数に代入する形で書いています。

【リスト6-27】クラス「MyVg<T>型」のオブジェクトを作る関数

```
let buyFromYaoya=function(vg:YaoyaItem):MyVg<YaoyaItem> {
  return new MyVg<YaoyaItem>(vg, vg.item, vg.price);
}

let buyFromShop=function (vg:VgShopGood):MyVg<VgShopGood> {
  return new MyVg<VgShopGood>(vg, vg.good, vg.cost);
}

let buyFromField=function (vg:FieldVg):MyVg<FieldVg> {
  return new MyVg<FieldVg>(vg, vg.name, vg.value);
}
```

第6章 一歩進んだ「TypeScript」

　関数「buyFromYaoya」では、「YaoyaItem型」の属性「item」「price」の値を、それぞれクラス「MyVg」の属性「name」「price」に渡します。

　関数「buyfromVGShop」では、「VGShopGood型」の属性「good」「cost」の値を、それぞれクラス「MyVg」の属性「name」「price」に渡します。

　このようにして、3つのデータ型でバラバラだった属性名が、クラス「MyVg」の同じ属性「name」と「price」の値に収まるわけです。

　一方、元のデータ型は属性「vg」(これがジェネリック型)に保存します。
　元のデータ型を使いたいときは、「MyVg.vg」の値を取り出せばいいわけです。

＊

　リスト6-27の後、リスト6-28のように配列「vgcart」を用意します。

【リスト6-28】「MyVg<any>型」のオブジェクトを格納する配列

```
let vgcart : MyVg<any>[];
```

　リスト6-28は型宣言をしないでも、オブジェクトを格納した配列を初期値として与えてしまえばいいのですが、勉強のために宣言してみました。

　実際の配列は、リスト6-29のように、リスト6-27の関数を適切に使って「MyVg型」に変換した要素を格納した配列です。

【リスト6-29】「MyVg<any>型」の配列「vgcart」に、実際の配列を与える

```
vgcart = [buyFromYaoya(yaoyaCarrot), buyFromShop(shopDaikon),
buyFromField(fieldCabbage)] ;
```

　これで3つのデータの構造の違いは覆われ、一気に繰り返して処理できるようになりました。

【リスト6-30】後はきれいにデータ処理

```
const br = "<br>";
let resultStr = "";
let mySum = 0; //合計も求めてみよう

for(let vg of vgcart){
  resultStr += `${vg.name}は ${vg.price}円 `+br;
  mySum += vg.price;
}

resultStr += `合計${mySum}円でした`;
document.body.innerHTML = resultStr;
```

これまでで、最も長いプログラムでしたね。

＊

フォルダ「generic2」の「tscode.ts」に、**リスト6-24～リスト6-30**を続けて書きます。

その後、ビルドして「show.html」のブラウザ表示が、**リスト6-31**のようになることを確認しましょう。

【リスト6-31】フォルダ「generic2」の「show.html」の表示

```
にんじんは 120円
だいこんは 90円
キャベツは 100円
合計310円でした
```

6-3 「データ型」の面白い仕様

■ 複合的な型指定

●「データ型」へのこだわり

「TypeScript」が強力に提唱するのは、「データ型をハッキリさせる」ことのようです。

「TypeScript2」での大きな更新点も、「void」とか「null」など、キーワード的にしか使われていなかった「データ型」の説明を、「型名」に昇格させたことです。

そこで、「TypeScript」が「データ型」の扱いについて用意している面白い仕様を、いくつか紹介します。

●3つの型のどれか

いま作った「generic2」を、さっそく直してみましょう。

＊

上書きするのではなく、フォルダをコピーして「uniontype」という名前にして、その中の「tscode.ts」を編集してください。

リスト6-28では、配列「vgcart」の要素のデータ型を「MyVg<any>」にしましたが、「MyVg」のジェネリックなデータに指定するデータ型を、「any」よりも厳しく、以下のように指定できます。

第6章　一歩進んだ「TypeScript」

> 「YaoyaItem」「VGShopGood」「FieldVg」のどれか

これには、「論理和」のように、「|」で区切って並べます。
これを「ユニオン型」(複合型のような意味)と呼びます。

リスト6-28を、リスト6-32に書き換えてみましょう。

【リスト6-32】「複合型」で指定

```
let vgcart : MyVg<YaoyaItem|VGShopGood|FieldVg>[];
```

リスト6-32のように変更して、エラーが出なければOKです。

■ 型チェック

●3つのデータ型を、1つの関数で処理

再び、フォルダ「generic2」の内容を検討します。

リスト6-27では3つの関数を用意して、それぞれのデータ型のオブジェクトから「MyVg」オブジェクトを作るようにしました。

しかし、これを1つの関数にまとめて、

> データ型が「YaoyaItem」ならこのような処理、データ型が「VGShopGood」ならこのような処理…

と振り分け、適切な「MyVg」オブジェクトを戻すようにすることもできます。
それには、「型チェック」というものが必要になります。

＊

フォルダ「generic2」をコピーして、フォルダ名を「typecheck」にします。
このフォルダを開いて、「tscode.ts」を一部修正していきましょう。

●クラスのオブジェクト(インスタンス)かどうか

あるオブジェクトが特定のクラスのオブジェクト(このクラスから作られたと強調するには、インスタンスと呼びます)かチェックするには、キーワード「instanceof」を用います。

[6-3] 「データ型」の面白い仕様

たとえば、変数「vg」がクラス「VGShopGood」のオブジェクトであるかをチェックするには、リスト6-33のように書きます。

【リスト6-33】「instanceof」で型チェック
```
if(vg instanceof VgShopGood){ .....}
```

●インターフェイスのオブジェクトかどうか

困るのは、インターフェイス「YaoyaItem」のオブジェクトであるかどうかのチェックです。

クラスではないので、「instanceof」が使えません。

しかし、ここで知りたいのは「データ型」よりも、「特定の属性の値」を正しく取り出せるかです。

変数「vg」から、インターフェイス「YaoyaItem」の属性である「item」と「price」の値が両方取り出せるかチェックするには、リスト6-34のように書きます。

【リスト6-34】特定の「データ型」の属性を取り出せるかチェック
```
if(<YaoyaItem>vg.item && <YaoyaItem>vg.price){
```

*

リスト6-34で「<YaoyaItem>.vg」と書いたのは、「強制型変換」というか、「データ型の一方的な解釈」です。

「データ型」が違っていたとしても、「属性」が取り出されなかったとしても、値は「null」になります。

そこで、編集中の「tscode.ts」から、リスト6-27の3つの関数をすべて削除します。

その代わりに、リスト6-35の関数「makeMyVg」を定義します（変数「makeMyVg」に値として関数を与えています）。

【リスト6-35】関数「makeMyVg」
```
let makeMyVg=function(vg:any):MyVg<any> {
  if(vg instanceof VgShopGood){
    return new MyVg<VgShopGood>(vg, vg.good, vg.cost);
  }else if( vg instanceof FieldVg){
```

第6章　一歩進んだ「TypeScript」

```
    return new MyVg<FieldVg>(vg, vg.name, vg.value);
  }else if(<YaoyaItem>vg.item && <YaoyaItem>vg.price){
    return new MyVg<YaoyaItem>(vg, vg.item, vg.price);
  }
  //どれでもなかった場合、この後に対処
}
```

　リスト6-35では型チェックをするので、関数「makeMyVg」の引数「vg」の型は「any」、戻り値のジェネリックのほうも「MyVg<any>」で心配ありません。

＊

　これで、変換されたデータの配列「vgcart」は必要なくなったので、リスト6-28とリスト6-29を消去します。

　その代わり、要素の型が「any」である配列「rawVgCart」に、処理前のワイルドなデータを格納して与えます。

【リスト6-36】処理前のデータを配列に入れてしまう

```
let rawVgCart = [yaoyaCarrot,shopDaikon, fieldCabbage];
```

＊

　リスト6-30の繰り返し処理の部分を変更して、配列「vgcart」ではなく「rawVgCart」に対する「繰り返し処理」に書き換えます。

　「rawVgCart」の各要素に、リスト6-35の関数「makeMyVg」で変換処理をしてから、属性値「name」と「price」の値を取り出します。

【リスト6-37】処理前のデータで「繰り返し処理」ができるようになった

```
for(let vg of rawVgCart){
  let myvg = makeMyVg(vg); //変換
  resultStr += `${myvg.name}は ${myvg.price}円 `+br;
  mySum += myvg.price;
}
```

＊

　ビルドして、フォルダ「typecheck」の「show.html」のブラウザ表示を確認しましょう。リスト6-31と同じ表示が出ます。

●戻り値も「複合型」

　でも、まったく違うデータが混入していたら、と心配する人もいると思います。

　「TypeScript」には「any」という強力なデータ型があるため、リスト6-36の

[6-3] 「データ型」の面白い仕様

配列「rawVgCart」が、たとえ**リスト6-38**のように与えられていたとしても、「any型の配列」ということで許されてしまうのです。

【リスト6-38】異なるデータが混入されている
```
let rawVgCart =
[yaoyaCarrot,shopDaikon, fieldCabbage, "サンダル片方"] ;
```

このようにまったく異質なデータが見つかった場合、通常は「null」を返します。

多くのプログラミング言語は、戻り値をどんなデータ型に設定していても、「null」も戻す場合が普通にあります。

しかし、「TypeScript」の場合、もっと厳密に「特定のデータ型か、またはnullを戻すこともあります」と、関数やシグニチャに明記できます。

それが、**リスト6-39**のシグニチャです。

戻り値のデータ型が、「MyVg<any>」と「null」の「複合型」になっています。図6-1で確認してください。

【リスト6-39】「null」も戻り値としてあり得る
```
let makeMyVg=function(vg:any):MyVg<any>|null{
    //これまでの表記
    return null;
}
```

```
let makeMyVg=function(vg:any):MyVg<any>|null{
                                 ─────────
                                 戻り値も複合型
```

図6-1　戻り値も複合型

＊

元の関数「makeMyVg」の**リスト6-35**、コメントで「どれでもなかった場合、この後に対処」と書いておいた部分に、「null」を返す「return文」を書きます。

そして、**リスト6-37**の「繰り返し処理」に、「関数makeMyVgの戻り値が

第6章 一歩進んだ「TypeScript」

「nullでないかどうか」のチェックを入れます。

【リスト6-40】「nullでないかどうか」のチェックを入れる

```
for(let vg of rawVgCart){
  if(makeMyVg(vg)){
    let myvg = makeMyVg(vg);
    resultStr += `${myvg.name}は ${myvg.price}円 `+br;
    mySum += myvg.price;
  }else{
    resultStr += "変なものも入っています"+br;
  }
}
```

＊

実際に書いてみましょう。
フォルダ「typecheck」をコピーしてフォルダ名を「typecheckmore」にします。
そして、フォルダを開いて「tscode.ts」を修正します。

リスト6-35の関数「makeMyVg」に、**リスト6-39**に示す変更を加えます。
そして、**リスト6-36**の配列rawVgCart」の内容を書き換え、**リスト6-38**の要素を追加します。
最後に、**リスト6-37**の「繰り返し処理」を、**リスト6-40**のように書き換えます。

ビルドして、「show.html」のブラウザ表示を確認しましょう。
余計なデータだった「サンダル片方」は、きちんとつまみ出されました。

【リスト6-41】フォルダ「typecheckmore」の「show.html」の表示

```
にんじんは 120円
だいこんは 90円
キャベツは 100円
変なものも入っています
合計310円でした
```

＊

以上、「TypeScript」の基本的な書き方を学びました。
たいへん論理的に整合性の取れた、書きやすい言語だったと思います。

この後は、すでに「HTML+JavaScript」で書かれているWebアプリの書き方を、「TypeScript」の導入でどれだけ改良できるかに挑戦しましょう。

「TypeScript」でWebアプリ

「JavaScript+HTML」で書く"典型的なWebアプリ"を、「TypeScript」の長所を駆使して書いてみます。
「HTML」と「JavaScript」についての知識が必要になりますが、必要なところは詳しく解説しますので、初めての方も安心して挑戦してください。

第7章 「TypeScript」でWebアプリ

7-1 「ボタン・クリック」で応答

■「HTML+JavaScript」による書き方

●HTML単独の場合

Webページに「押してください」というボタンが1個あって、押すと「アラート・ウィンドウ」が現われ、そこには「押しました」と書いてある…という、「動的なWebページ」を書いてみましょう。

図7-1 「ボタン」を押すと、「アラート・ウィンドウ」が現われる

HTML文で書くと、**リスト7-1**のようになります。

ただし、「body」タグで挟まれた「ページに表示させる内容」だけを示しています。

【リスト7-1】HTML文だけで図7-1を記述

```
<body>
  <button onclick="alert('押しました')" >
    押してください
  </button>
</body>
```

●HTMLの構造を「JavaScript」で記述

これまで行なってきたように、HTML文には「jscode.jsを呼べ」とだけ書いておき、JavaScript側で「ボタンの表示」を記述します。

それには、まずHTMLの構造を把握する必要があります。

以下の内容を確認しましょう。

[7-1] 「ボタン・クリック」で応答

> リスト7-1のHTMLは、「開始タグ」と「終了タグ」のペアの間に、別のタグを挟むという形になっています。
>
> 「タグのペア」を「要素」と呼びます。たとえば、\<body\>と\</body\>のペアは「body」という要素です。
>
> リスト7-1では、要素「body」の中に、要素「button」があります。
>
>   ＊
>
> 要素「button」の中にあるのは、タグではなく「表示文」です。
> 「表示文」だけは「要素」と呼ばず、「テキスト・ノード」と呼びます。
> この表示文「押してください」が、ボタンに表示させる文字列です。

　以上のような「要素」と「テキスト・ノード」を、**リスト7-1**のように組み立てるには、以下のように考えます。

＜「body」は「document.body」＞

　JavaScriptでは、要素「body」を「document.body」で表わします。
　このことを、本書では**第3章**以降、ずっと利用してきました。

＜"子"を付加するメソッド「appendChild」＞

　「body」の中に、さらに要素「button」を書くには、「子を付加する」という意味のメソッド、「appendChild」を用います。
　「appendChild」は親側が呼び出すメソッドです。
　「button」がさらにメソッド「appendChild」を呼び出して、「テキスト・ノード」を自分の子に付加します。

＜要素を作るメソッド「createElement」＞

　「body」は、これがないとHTMLページが成立しないので、特別な要素です。
　しかし、「button」は自分で作って与える要素なので、メソッド「document.createElement」によって、作らなければなりません。

＜「テキスト・ノード」を作るメソッド「createTextNode」＞

　「ボタン」に表示させる文字列は、要素（Element）ではなく「テキスト・ノード」（TextNode）なので、メソッド「document.createTextNode」で作ります。

第7章 「TypeScript」でWebアプリ

*

以上、画面に「ボタン」を表示させるJavaScriptは、**リスト7-2**のようになります。

図7-2で親子関係を確認してください。

【リスト7-2】画面に「ボタン」を表示するJavaScript
```
var buttonelm = document.createElement("button");
var buttonText = document.createTextNode("押してください");
//ボタンを押したらどうなるかはまだ書いてない
buttonelm.appendChild(buttonText);
document.body.appendChild(buttonelm);
```

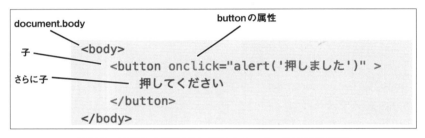

図7-2 HTMLの「要素」と「テキスト・ノード」の親子関係

●要素の属性をJavaScriptで記述

リスト7-2では、まだ「ボタンを押したらどうなるか」を記述していません。

これは、要素「button」がもつ「onclick」という属性の記述です。値は「関数」になります。

「押しました」という「アラート・ウィンドウ」が出るようにするには、**リスト7-3**のように書きます。

【リスト7-3】ボタンの「onclick」属性を記述
```
buttonelm.onclick= function(){alert("押しました");};
```

●「DOM」を「TypeScript」で書いてみよう

このようにJavaScriptでHTMLの「要素」と「表示文」を組み立てる手法を、「DOM」(Document Object Model)と呼びます。

JavaScriptの「DOM」では、「ボタンを表示」したいのに、「要素、テキス

ト・ノード、親子…」という書き方なので、実現する表示のイメージがつかみにくいのではないでしょうか。

　そこで、「TypeScript」を用いて、書き方を改良してみましょう。
　「TypeScript」に、これらのJavaScriptのメソッドを置き換える新しいメソッドはありません。
　しかし、「TypeScript」の中に覆いこんで、より「オブジェクト指向的」に書くことができます。

＊

　これまで作ってきた「test1」などのフォルダをコピーして、フォルダ名を「form1」にします。
　この中の「tscode.ts」を、書き換えていきましょう。

■ 最初の「TypeScriptでボタン」

●「ButtonDOM」というクラス

　考え方の基本は、以下の通りです。

・「TypeScript」で新しいクラスを定義。
・このクラスのオブジェクトが自分の属性に、「HTML要素」をもつようにする。
・HTMLの要素は、「HTMLElement」というインターフェイスのオブジェクト。

　この考え方に従い、「ButtonDOM」というクラスを定義します。
　その属性「elm」に、JavaScriptの記法で得た要素「button」を与えます。

【リスト7-4】クラス「ButtonDOM」の定義

```
class ButtonDOM{
  elm:HTMLElement;
  constructor(labelText:string){
    this.elm = document.createElement("button");
    this.elm.appendChild(document.createTextNode(labelText));
    this.elm.onclick=function(){alert("押しました");};
  }
}
```

第7章 「TypeScript」でWebアプリ

●トップレベルの処理

トップレベルの処理では**リスト7-5**のように、「document.body」の子要素に、「ButtonDOM」のオブジェクトの属性「elm」を加えます。

「ButtonDOM」のオブジェクトそのものではないことに、注意してください。

【リスト7-5】トップレベルの処理（メソッド「appendChild」を用いた）

```
document.body.appendChild(new ButtonDOM("押してください").elm);
```

ビルドして、「form1」の「show.html」をブラウザで開き、**図7-1**に示すような表示と動作が得られることを確認してください。

■ メソッドの連続呼び出し

●自分自身をメソッドの戻り値とする

リスト7-4のクラス「ButtonDOM」は、あまり面白くありません。

JavaScriptの記述を、コンストラクタにまとめただけだからです。

せっかく「ButtonDOM」というクラスを作ったので、もっと面白い使い方をしてみましょう。

*

フォルダ「form1」をコピーして、フォルダ名を「form2」に変更します。

その後、フォルダを開いて、「tscode.ts」を書き換えましょう。

*

最近、「チェーン」とか「ストリーム」となど呼ばれる連続処理が、メソッド呼び出し手順として好まれています。

あるオブジェクトが複数のメソッドを読んで処理するのに、「一行1メソッド」で複数行書くのではなく、メソッドを呼び出した結果が、また次のメソッドを…と、一連の流れとして書き下していく方法です。

そのためには、オブジェクトが呼び出す各メソッドが、「自分自身」を戻り値とするのです。

*

「form1」の内容がそのまま書かれているクラス、「ButtonDOM」の定義を書き換えましょう。

[7-1] 「ボタン・クリック」で応答

属性「elm」の宣言はそのままですが、「コンストラクタ」をやめます。
その代わり、まず「static」な「ファクトリ・メソッド」である「create」を、リスト7-6のように定義します。

【リスト7-6】オブジェクトを作って戻すメソッド「create」

```
static create():ButtonDOM{
  let button= new ButtonDOM();
  button.elm = document.createElement("button");
  return button;
}
```

メソッド「create」には引数はありません。
そして、戻り値の型が「ButtonDOM」です。

＊

ボタンに「ラベル」をつける処理は、別のメソッド「addLabel」に記述します。
リスト7-7を、リスト7-6に続けて書きます。

【リスト7-7】「addLabel」は自分自身を戻す

```
addLabel(labelText:string):ButtonDOM{
  this.elm.appendChild(document.createTextNode(labelText));
  return this;
}
```

リスト7-7は、「static」ではありません。
「ファクトリ・メソッド」によって得られたオブジェクトが、自分で呼ぶメソッドです。
そして、戻り値は「自分自身」です。

＊

JavaScriptで属性「onclick」を設定する処理を、メソッド「onClick」に記述します。
これもオブジェクトが呼び出して、自分自身を戻すメソッドです。

リスト7-8を、リスト7-7に続けて書きます。

第7章 「TypeScript」でWebアプリ

【リスト7-8】メソッド「onClick」も自分自身を戻す

```
onClick(content:string):ButtonDOM{
  this.elm.onclick = function(){
    alert(content);
  };
  return this;
}
```

クラス「ButtonDOM」に対し、コンストラクタに代えて**リスト7-6～リスト7-8**を定義します。

すると、元のコンストラクタに記述していた**リスト7-4**の処理は、**リスト7-9**のようにトップレベルで書くことができます。

【リスト7-9】作ったオブジェクトに「メソッドの連続処理」

```
let myButton = ButtonDOM.create()
      .addLabel("押してください").onClick("押しました");
```

リスト7-9は、以下のような処理です。

[1]「ファクトリ・メソッド」の「create」で、「button」の要素を作り、属性「elm」に渡す。

[2]「create」の戻り値(結果)は「ButtonDOM」オブジェクトなので、呼び出した結果が、さらにメソッド「addLabel」を呼ぶことができる。

[3]メソッド「addLabel」の戻り値は「自分自身」となるので、さらにメソッド「onClick」を呼ぶことができる。

「ButtonDOM」のオブジェクトを新規作成した後、3つの処理が必要でしたが、1つの文にまとめられたので、プログラムの縦方向が短くなりました。

●「VSCode」の補完を利用

「VSCode」で編集していると、たとえば**リスト7-9**で最初のメソッド「ButtonDOM.create()」を書いた後にドット「.」を打つと、「addLabel」か「onClick」を選ぶ「コード補完ウィンドウ」が立ち上がってくるので、迷うことなく書いていけるでしょう。

[7-1]「ボタン・クリック」で応答

```
let myButton = ButtonDOM.create().
                              ⊙ addLabel  (method) ButtonDOM.addLabel(labelText...
                              ● elm
                              ⊙ onClick
```

図7-3　メソッド「create」を呼び出した後に、また呼べる

```
let myButton = ButtonDOM.create().addLabel("押してください").
                              ⊙ addLabel
                              ● elm
                              ⊙ onClick  (method) ButtonDOM.onClick(content: st...
```

図7-4　さらにまた呼べる

最後に、この「myButton」の属性「elm」を表示させます。

【リスト7-10】最終的にWebページに表示させる処理

```
document.body.appendChild(myButton.elm);
```

ビルドして、「form2」の「show.html」をブラウザで開きます。
図7-1のような表示と動作になるかを、確認しましょう。

■ 異なる要素を「サブクラス」で表わす

●要素「div」に文字列を表示させる

「アラート・ウィンドウ」は、JavaScriptの動作確認にたいへん便利な方法ですが、実際のWebアプリでは、Web画面に応答が表示されなければなりません。

JavaScriptで書くならば、**リスト7-11**の操作で実現します。

「div」要素を作り、その子である「テキスト・ノード」を応答文にするわけです。

【リスト7-11】Web画面に応答を表示させるJavaScript

```
buttonelm.onclick= function(){
  var divelm = document.createElement("div");
  divelm.appendChild(document.createTextNode("押しました"));
  document.body.appendChild(divelm);
}
```

第7章 「TypeScript」でWebアプリ

さて、そうなると「button」要素のためにクラス「ButtonDOM」を作ったように、「div」要素にも「DimDOM」のようなクラスを作りたくなります。

●異なる要素を表示させる

そこで、すべての要素のためのクラス「ElmDOM」を作り、「ButtonDOM」や「DimDOM」を、そのサブクラスにするプログラムを書きましょう。

ただし、「form2」の「ButtonDOM」のように、「自分自身を戻す連続処理的方法」をもつクラスを継承すると、ややこしくなります。

なぜなら、戻り値が「スーパークラス」「サブクラス」のどちらなのかを、区別しなければならなくなるからです。

そこで、これまでのように、「コンストラクタ」中心のクラス定義に戻します。

*

フォルダ「form1」をコピーして、名前を「form3」にします。

●基本となるクラス「ElmDOM」

フォルダ「form3」の「tscode.ts」を編集します。

*

まず、これから要素「document.body」内のすべてのHTML要素を作る、基礎となるクラス「ElmDOM」を定義します。

このクラスに、以下のメソッドを定義します。

---

①いままで使ってきた「要素の作成」を、コンストラクタで行なう

【リスト7-12】クラス「ElmDOM」の宣言とコンストラクタ

```
class ElmDOM{
  elm:HTMLElement;

  constructor(tagname:string) {
    this.elm = document.createElement(tagname);
  }
  //他にさらに基本的なメソッドを加える
}
```

リスト7-12のコンストラクタで、引数「tagname」の値を、「"button"」にす

れば「ボタン」、"div"にすれば要素「div」を作ることができます。

②「テキスト・ノード」を要素の中に加えるメソッド、「addText」

「ボタン」であれば、これが「ボタンのラベル」を表示させる操作になります。

【リスト7-13】要素の中に「テキスト・ノード」を加える

```
addText(textStr:string) {
  this.elm.appendChild(document.createTextNode(textStr));
}
```

③「document.body」に自分自身を加えるメソッド「addToBody」

初めて作るメソッドです。

【リスト7-14】「document.body」に自分自身を加える

```
addToBody(){
  document.body.appendChild(this.elm);
}
```

●サブクラス「DivDOM」

クラス「ElmDOM」のサブクラスとして、「DivDOM」を作ります。

コンストラクタの引数に注目してください。「オプショナル型」です。

この引数は、要素「div」の中に必要があれば加える「テキスト・ノード」の内容です。

【リスト7-15】サブクラス「DivDOM」の定義

```
class DivDOM extends ElmDOM{
  constructor(textStr?:string){
    super("div");
    if(textStr){
      this.addText(textStr)
    };
  }
}
```

第7章 「TypeScript」でWebアプリ

●サブクラス「ButtonDOM」

クラス「ElmDOM」のサブクラス、「ButtonDOM」を作ります。
以下のメソッドを作ります。

①コンストラクタ

「ボタン」には必ず「ラベル」があるので、コンストラクタの引数は「オプショナル」にはしません。

【リスト7-16】サブ・クラス「ButtonDOM」の定義とコンストラクタ

```
class ButtonDOM extends ElmDOM{
  constructor(labelStr:string){
    super("button");
    this.addText(labelStr);
  }
  //ボタン・クリックのメソッドを加える
}
```

②「ボタン・クリック」のメソッド「onClickShowSomething」

新たに「div」要素を作り、「テキスト・ノード」に指定のメッセージを付加して、「document.body」の子要素に加えるというメソッドです。
クラス「ElmDOM」で、定義ずみのメソッドが使えるので、簡単になります。

【リスト7-17】ボタンをクリックすると、「div」要素を作成、付加する

```
onClickShowSomething(showStr:string){
  this.elm.onclick=function(){
    new DivDOM(showStr).addToBody();
  }
}
```

リスト7-17を、リスト7-16の「ボタン・クリックのメソッドを加える」とコメントしたところに書いてください。

●トップレベルの処理

トップレベルでは、新しい「ButtonDOM」オブジェクトの「bdom」を作ります。これに、メソッド「onClickShowSomething」を用います。
そして最後に、「bdom」を「document.body」に加えます。

[7-1] 「ボタン・クリック」で応答

【リスト7-18】トップレベルの処理

```
let bdom = new ButtonDOM("押してください");
bdom.onClickShowSomething("押しました");
bdom.addToBody();
```

　本書のサンプルの中で、初めてトップレベルの処理から、「JavaScriptのそのままの記述」がなくなりました。

*

　ビルドして、「form3」の「show.html」を表示してください。
　そして、「押してください」ボタンを押してみましょう。
　これで、ボタンのすぐ下に「押しました」というメッセージが表示されるようになりました。

図7-5　ページの中にメッセージが表示される

第7章 「TypeScript」でWebアプリ

7-2 テーブル

■ HTMLによる書き方

●HTML単独の場合

「テーブル」をHTMLだけで書くのは、同じことの繰り返しになるので退屈です。

一方で、少しでも間違えると、構成が崩れます。

たとえば、「4行3列のテーブル」は、HTMLではリスト7-19のように書きます。

見ていると何か文字が浮き出てきそうなくらい(来ませんが)、ゴチャゴチャした書き方ではないでしょうか。

【リスト7-19】HTMLで書く「テーブル」

```
<table>
<tr><td>スズメ</td><td>チュンチュン</td><td>穀物</td></tr>
<tr><td>ツバメ</td><td>チュルチュル</td><td>虫</td></tr>
<tr><td>ニワトリ</td><td>コケコッコー</td><td>自分が...</td></tr>
<tr><td>メジロ</td><td>チー</td><td></td><td>花蜜</td></tr>
</table>
```

```
スズメ    チュンチュン 穀物
ツバメ    チュピチュピ 虫
ニワトリ  コケコッコー 自分が...
メジロ    チー             花蜜
```

図7-6　HTML上で描画した「テーブル」

このようなテーブルを、「TypeScript」で書いてみましょう。

フォルダ「form3」をコピーして、フォルダ名を「table」にします。

このフォルダを開いて、「tscode.ts」を編集していきましょう。

[7-2] テーブル

■ テーブルの「行」を描画

● 要素の中に「子要素」を

これまでに定義してきたクラス「ElmDOM」に、表を描きやすくするメソッドを追加します。

自分に他の「子要素」を付加するためのメソッド、「addChild」です。

引数は、「他のElmDOMオブジェクト」になります。

【リスト7-20】他の「ElmDOM」オブジェクトを、「子要素」にする
```
addChild(elmDOM:ElmDOM){
  this.elm.appendChild(elmDOM.elm);
}
```

● クラス「TableRowDOM」

表の「1行」を記述するためのクラス「TableRowDOM」を定義します。

これは、以下の構造で要素を構築するためのクラスです。

[1] まず、要素「tr」を作る。
[2] それとは別に、要素「td」を作る。
[3] 「td」の中に「テキスト・ノード」を作る。
[4] 「tr」の子要素に「td」を取る。
[5] セルを増やすときは、[2]～[4]を繰り返す。

[1]は、「コンストラクタ」で行ないます。リスト7-21の通りです。

【リスト7-21】クラス「TableRowDOM」の定義とコンストラクタ
```
class TableRowDOM extends ElmDOM{
  constructor(){
    super("tr");
  }

  //セルを加えるメソッドを定義していく

}
```

第7章 「TypeScript」でWebアプリ

●セルを増やす

行に「セル」を加えるということは、「列」を加えることです。

そこで、メソッド「addCol」を**リスト7-22**のように定義します。

リスト7-21で、「セルを加えるメソッドを定義していく」とコメントしたところに書いてください。

【リスト7-22】メソッド「addCol」

```
addCol(content:string){
  let td = new ElmDOM("td");
  td.addText(content);
  this.addChild(td);   //自分の子要素にする
}
```

リスト7-22では、要素「tr」に、要素「td」を子要素として加える作業を行なっています。

●「配列」から1行作る

多くの場合は、データは少なくとも、1行ごとに「セルの配列」で与えられるでしょう。

そこで、「配列」からの繰り返し処理を行なうメソッド、「createFromArray」を定義します。

このメソッドでは、「セルの配列」を引数に取り、そこから繰り返し処理によって行にセルを加えます。

戻り値が、「セルをすべて加えた1行」を表わす、「TableRowDOM」オブジェクトです。

なお、このメソッドは「static」です。

【リスト7-23】「static」なメソッド、「createFromArray」

```
static createFromArray(array:Array<string>):TableRowDOM{
  let theRow = new TableRowDOM();
  for(let cellval of array){
    theRow.addCol(cellval);
  }

  return theRow;
}
```

[7-2] テーブル

■「テーブル」という要素のオブジェクト

●クラス「TableDOM」

要素「tr」を自分の「子要素」として加えていく要素、「table」に相当する、クラス「TableDOM」を作ります。

定義するメソッドは、以下の2つです。

①コンストラクタ
②自身に1行追加するメソッド「addTableRow」

【リスト7-24】クラス「TableDOM」の定義

```
class TableDOM extends ElmDOM{
  constructor(){
    super("table");
  }

  addTableRow(row:TableRowDOM){
    this.addChild(row);
  }
}
```

●トップレベルで「テーブル」を作る

トップレベルで、1行ぶんのセルのデータを格納した4つの配列から、「テーブル」を作ってみましょう。

データの配列は、**リスト7-25**の通り「2次元配列」です。

【リスト7-25】トップレベルの処理。データの記述

```
let birdTableData =[
  ["スズメ", "チュンチュン", "穀物"],
  ["ツバメ", "チュピチュピ", "虫"],
  ["ニワトリ", "コケコッコー", "自分が..."],
  ["メジロ", "チー", "花蜜"]
];
```

クラス「TableDOM」によって、テーブルの描画は**リスト7-26**のように短くまとまります。

第7章 「TypeScript」でWebアプリ

【リスト7-26】データを読み込んで「表」を描画する

```
let birdTable = new TableDOM();
for (let row of birdTableData){
  birdTable.addTableRow(TableRowDOM.createFromArray(row));
}
birdTable.addToBody();
```

*

ビルドして、フォルダ「table」の「show.html」をブラウザで開きます。
図7-6のように、「テーブル」が表示されることを確認してください。

7-3 一覧から選択

■「ラジオ・ボタン」を機能させる

●「HTML+JavaScript」の場合

「一覧からの選択」の例として、「ラジオ・ボタン」を「TypeScript」で描いてみましょう。

「ラジオ・ボタン」を表示させて、かつクリックすると、その結果を反映する文字列も表示するようにします。

*

「ラジオ・ボタン」は、もともとWebサーバに送信するためのコントロール（操作部品）ですが、ボタンと同じように「onclick」属性を記述してやれば、サーバを立てなくても動作します。

HTMLで、サーバに送信せず動作させる「ラジオ・ボタン」を記述すると、リスト7-27のようになります。

【リスト7-27】サーバに送信せず動作させる「ラジオ・ボタン」

```
<input type = "radio" name="when" value ="朝"
  onclick = "onSelectRadio(this.value)" >朝
<input type = "radio" name="when" value = "昼"
  onclick = "onSelectRadio(this.value)">昼
<input type = "radio" name="when" value = "晩"
  onclick = "onSelectRadio(this.value)">晩
```

面倒ですね。図7-7でその構造を確認してください。

*

リスト7-27のHTMLには、各「ラジオ・ボタン」をクリックしたときに、同

[7-3] 一覧から選択

じ関数「onSelectRadio」を呼ぶように書かれています。

この関数を、JavaScriptでは**リスト7-28**のように書きます。

図7-7 「リスト7-27」の構造

【リスト7-28】「ラジオ・ボタン」をクリックしたときに呼び出される関数

```
function onSelectRadio(value){
  document.getElementById("showhere").innerHTML=
  value+"に服用されますか";
}
```

なお、**リスト7-28**では、結果表示のための「div」要素を、HTML上に用意しておかなければなりません。

以上のような書き方で、**図7-8**の表示と動作が得られます。

図7-8 「ラジオ・ボタン」の表示と動作

＊

これを「TypeScript」で描画し、動作させてみましょう。
フォルダ「table」をコピーして、フォルダ名を「radio」に変更します。
このフォルダを開いて、「tscode.ts」を編集していきます。
また、「table」からコピーされてきたクラス「TableRowDOM」と「TableDOM」の定義は、消去してください。

133

第7章 「TypeScript」でWebアプリ

■ 準備

●メソッド「setAttribute」

「tscode.ts」の、クラス「ElmDOM」のメソッドの定義を確認してください。メソッド「addChild」まで定義されていますね。

さらに、要素の属性を設定するメソッドとして、**リスト7-29**の「setAttribute」を定義しましょう。

【リスト7-29】メソッド「setAttribute」

```
setAttribute(attr:string, value:string){
  this.elm.setAttribute(attr, value);
}
```

●「新しいテキスト」で置き換える

もうひとつ、ある要素の中身を「新しいテキスト」で置き換えてしまうメソッドを定義しておきます。

非常手段のようなメソッドです。テキストを「空の文字列」にすれば、子要素の一掃にも使えます。

【リスト7-30】要素の中身を「新しいテキスト」で置き換える

```
newText(textStr:string){
  this.elm.innerHTML=textStr;
}
```

「ElmDOM」の定義の編集は、ここまでです。

●クラス「DivDOM」の定義

フォルダ「table」では、クラス「DivDOM」のオブジェクトを用いませんでしたが、**リスト7-15**の定義をもし削除してしまっていたら、フォルダ「form3」の「tscode.ts」からコピーしておいてください。

[7-3] 一覧から選択

■「ラジオ・ボタン」を記述するクラス

●クラス「RadioButtonDOM」の属性

「ラジオ・ボタン」を記述するクラス、「RadioButtonDOM」を作ります。

まず、属性を2つ決めておきます。
「value」は選択の結果を反省させる値、「valueText」は選択肢として表示するテキスト値です。

【リスト7-31】クラス「RadioButtonDOM」の定義とその属性

```
class RadioButtonDOM extends ElmDOM{

  value:string;
  valueText:string;

  //メソッドなどを定義していく

}
```

●コンストラクタ

「ラジオ・ボタン」は、要素「input」の属性が「radio」であるときに表示されるので、「コンストラクタ」でその記述をします。

また、「コンストラクタ」では上記の2つの属性を引数としてとります。
属性のうち、「value」は「ラジオ・ボタン」の記述にも使いますが、「オブジェクトの属性」としても保持しておきます。
属性「valueText」は、まだここでは使いません。保持しておきます。

以上の理由で、クラス「RadioButtonDOM」のコンストラクタは、少し長くなります。

【リスト7-32】クラス「RadioButtonDOM」のコンストラクタ

```
constructor(value:string, valueText:string){
  super("input");
  this.setAttribute("type", "radio"); //ラジオ・ボタンである
  this.setAttribute("value", value);
  this.value = value; //保持もしておく
  this.valueText = valueText; //保持しておく
}
```

第7章 「TypeScript」でWebアプリ

●クリックしたときのメソッド

フォルダ「form3」の「tscode.ts」で、ボタンをクリックしたときのメソッド「onClickShowSomething」を定義しました(**リスト7-17**)。

同じように「ラジオ・ボタン」についても、「onClickShowValue」を**リスト7-33**のように定義します。

注目すべきは、引数に「どこに結果を表示するのか」の「div」要素をとるところです。

【リスト7-33】メソッド「onClickShowValue」

```
onClickShowValue(divDom:DivDOM, str:string){
  this.elm.onclick=function(){
    divDom.newText(str);  //中身をstrで置き換える
  }
}
```

■「ラジオ・ボタン」のグループを記述するクラス

●「ラジオ・グループ」の正体は、要素「div」

「ラジオ・ボタン」のグループを記述するクラスを定義しましょう。

この正体は、要素「div」です。

まず、**図7-9**を見てください。

複数の「ラジオ・ボタン」を配置し、かつ結果を表示する箇所を設けるには、要素「div」がこの図のような構造であることが望まれます。

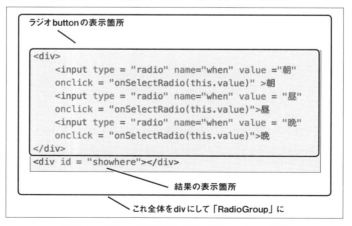

図7-9 これから作る「ラジオ・グループ」の構造

[7-3] 一覧から選択

そこで、クラス「RadioGroup」は、「DivDOM」クラスの「サブ・クラス」にします。

属性は、以下の4つを与えます。

①②は「文字列」、③④は「DivDOM」クラスのオブジェクトです。

---

①HTMLタグで共通にする「name」属性に与えるための文字列「groupname」。
②「ラジオ・ボタン」のクリックに応答する表示を与えるための文字列「showValueString」(リスト7-33の引数「str」に渡す)。
③「ラジオ・ボタン」を列記するための領域を表わす「radiodiv」。
④選択した結果を「文字列」として表示するための領域を表わす「showdiv」。

【リスト7-34】クラス「RadioButtonGroup」の定義と属性

```
class RadioGroup extends DivDOM{
  groupname:string;
  showValueString:string;
  radiodiv:DivDOM;
  showdiv:DivDOM;
  //メソッドなどを定義する
}
```

●コンストラクタで「div」に「子div」を配置

属性「radiodiv」と「showdiv」は、コンストラクタで上下に配置します。

【リスト7-35】クラス「RadioGroup」のコンストラクタ

```
constructor(groupname:string, showValueString:string ){
  super();
  this.groupname = groupname;
  this.showValueString = showValueString;
  this.radiodiv = new DivDOM();
  this.addChild(this.radiodiv);  //上側に配置
  this.showdiv = new DivDOM();
  this.addChild(this.showdiv);   //下側に配置
}
```

●「ラジオ・ボタン」を「ラジオ・グループ」に配置

「ラジオ・グループ」というのはHTMLで使われる呼び名ではありませんが、「1つをチェックすれば、他のチェックが外れる」という関係にあるグループのことです。

図7-7にも示したように、各「ラジオ・ボタン」の属性「name」の値が同じで

第7章 「TypeScript」でWebアプリ

あれば、同じ「ラジオ・グループ」になります。

そこで、「ラジオ・ボタン」を「ラジオ・グループ」に配置するメソッド「addRadio」では、属性「name」に一定の値を与えます。

それが、「RadioGroup」のオブジェクトの属性、「groupname」の値です。

【リスト7-36】「ラジオ・ボタン」の属性「name」に、一定値を与える

```
addRadio(rDom: RadioButtonDOM):RadioGroup{
  rDom.setAttribute("name",this.groupname);
  //処理を続ける
}
```

●「ラジオ・ボタン」を押したとき

では、メソッド「addRadio」の編集を続けます。

*

「ラジオ・ボタン」を押したときの動作は、「ラジオ・ボタン」のクラスのほうに定義されていました。

リスト7-33のメソッド、「onClickShowValue」です。

このメソッドを、「ラジオ・グループ」のクラス定義の中で用います。

リスト7-37のように、メソッド「onClickShowValue」は引数の「ラジオ・ボタン」である「rDom」が呼び出します。

リスト7-33の引数「divDom」(表示場所)が、「ラジオ・グループ」の領域、「showdiv」です。

同じく引数「str」(表示内容)には、「ラジオ・ボタン」のもつ値「rDom.value」と、「ラジオ・グループ」の属性「this.showValueString」を組み合わせます。

【リスト7-37】「ラジオ・ボタン」の「onClickShowValue」を呼び出す

```
rDom.onClickShowValue(
  this.showdiv,   //RadioGroupの中の要素divに書き出す
  rDom.value+this.showValueString //これが書き出す内容
);
```

この「ラジオ・ボタン」(rDom)を、「ラジオ・グループの領域」(radiodiv)に置きます。

【リスト7-38】「ラジオ・ボタン」を領域に置く
```
this.radiodiv.addChild(rDom);
```
*

図7-7で構造を見たように、「ラジオ・ボタン」の隣に「ラジオ・ボタンの内容を表わすテキスト」を置かなければなりません。

そこで、リスト7-38の後に「テキスト・ノード」を置く処理を書きます。

【リスト7-39】同じ領域に「ラジオ・ボタン」の説明テキストを置く
```
this.radiodiv.addText(rDom.valueText);
```

● メソッド「addRadio」を連続的に

「ラジオ・ボタン」は複数追加するので、メソッド「addRadio」は、フォルダ「test2」で行なったような「連続処理」にしましょう。

メソッド「addRadio」の戻り値のデータ型を「RadioGroup」にしておき、自分自身を戻してメソッドを終えます。

【リスト7-40】自分自身を戻すメソッド「addRadio」にする
```
addRadio(rDom: RadioButtonDOM):RadioGroup{
  ...これまでの処理
  return this;
}
```
*

以上で、クラス「RadioGroup」の定義は終わりです。

■ トップレベルの処理

● 「ラジオ・グループ」のオブジェクトを作成

トップレベルでまず行なうべきことは、「RadioGroup」のオブジェクトの作成です。

【リスト7-41】「RadioGroup」のオブジェクト、「drugGroup」を作成
```
let drugGroup = new RadioGroup("when", "に服用されますか");
```

第7章 「TypeScript」でWebアプリ

●「ラジオ・グループ」に「ラジオ・ボタン」を追加

「ラジオ・グループ」の「drugGroup」に、3つの「ラジオ・ボタン」を作ります。
リスト7-42のように連続処理ができます。

【リスト7-42】連続処理で「ラジオ・ボタン」を配置

```
drugGroup.addRadio(new RadioButtonDOM("朝", "朝"))
  .addRadio(new RadioButtonDOM("昼", "昼"))
  .addRadio(new RadioButtonDOM("晩", "晩"));

drugGroup.addToBody();   //画面に置く
```

ビルドして、フォルダ「radio」の「show.html」をブラウザで開き、表示と動作が図7-8の通りになることを確認してください。

7-4 「スタイル」と「アニメーション」

■「HTML+CSS+JavaScript」による書き方

●少しだけスタイルを変えたいとき

Webページの色や形を決める「スタイル」は、別途、「スタイルシート・ファイル」に書くべきです。

しかし、「特定の行の余白だけを空けたい」とか、「この表にだけ色をつけたい」など、「スタイル」の変更が少ないときもあります。
そのような場合、「スタイルシート・ファイル」をわざわざ用意するよりも、JavaScriptに少し記述すればすむでしょう。

*

そのような場合を想定して、JavaScriptで「スタイル」を変更する方法を考えましょう。

たとえば、変数「myDiv」に取得されている要素「div」に「10px（ピクセル）の余白」をもたせたい場合、JavaScriptではリスト7-43のように書くのが最も汎用的です。

[7-4] 「スタイル」と「アニメーション」

【リスト7-43】属性「style」を設定
```
myDiv.setAttribute("style", "padding:10px;");
```

これに他の「style」属性を「追加」したいときは、リスト7-44のように書きます。

【リスト7-44】属性「style」の内容を追加
```
var styleStr = myDiv.style.cssText;
myDiv.setAttribute("style",styleStr+"color:red;");
```

このようなコードを「TypeScript」で書いてみましょう。

■「ラジオ・ボタン」の応答文に余白をつける

最も簡単な練習として、7-3節で作った「ラジオ・ボタン」の応答文が、「ラジオ・ボタン」より少し離れて表示されるようにします。

図7-10　間を空けて表示する

＊

7-3節で作ったフォルダ「radio」をコピーして、フォルダ名を「radiostyle」にします。このフォルダの「tscode.ts」を編集しましょう。

「応答文」は、クラス「RadioGroup」の属性「showdiv」に表示されます。
そこで、クラス「RadioGroup」のコンストラクタで、属性「showdiv」のスタイルを設定してみましょう。リスト7-45の通りです。

第7章 「TypeScript」でWebアプリ

【リスト7-45】クラス「RadioGroup」の属性、「showdiv」のスタイル

```
this.showdiv = new DivDOM();

//これを付加
this.showdiv.setAttribute("style", "padding: 10px;");

this.addChild(this.showdiv);
```

ビルドして、「radiostyle」の「show.html」をブラウザで開きます。
「ラジオ・ボタン」をクリックしたとき、図7-10のように間隔が空いて表示されることを確認してください。

■「テーブルのスタイル」を整える

●クラス「StyleSetter」を作成

続いて、**7-2節**で描画した「テーブルのスタイル」を整えます。
7-2節で作ったフォルダ「table」を複製し、フォルダ名を「tablestyle」に変更します。
このフォルダの、「tscode.ts」を編集していきましょう。

        ＊

調整したい項目は、以下の通りです。

---
①各行の間隔と、行内の各セルの間隔を空ける(セルの間隔は行の間隔と異なる)。
②偶数行と奇数行で「背景色」を変えて、シマシマの表にする。

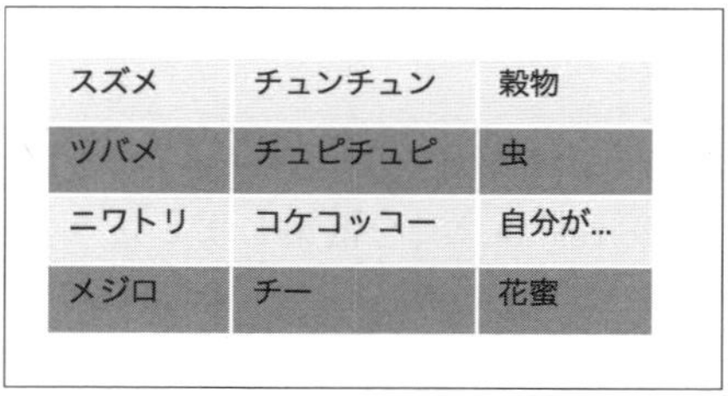

図7-11 「スタイル」を整えたテーブル

リスト7-45よりも、多くの処理を行なわなければなりません。
そこで、スタイルを調整するためのクラス「StyleSetter」の定義から始めましょう。

[7-4] 「スタイル」と「アニメーション」

【リスト7-46】クラス「StyleSetter」を定義する

```
class StyleSetter{
  //メソッドを書いていく
}
```

●「スタイル文」を作るメソッド

「スタイル」はいろいろありますが、「スタイル」を「調整する」オブジェクトはアプリに1つあれば充分です。

そこで、「static」なメソッドを定義していきます。

「"padding: 10px"」のようなスタイル文を作るメソッド「createStyle」を、リスト7-47のように定義します。

【リスト7-47】「static」なメソッド「createStyle」

```
static createStyle(name:string, value:string):string{
  return `${name}: ${value};`;
}
```

●「スタイル文」を設定するメソッド

リスト7-46で作る「スタイル文」を使って、引数で渡される要素について、属性「style」を設定するメソッド、「setStyle」を定義します。

リスト7-44で考えたように、すでに「style属性」が決められている場合に、項目を追加できるように書きます。

【リスト7-48】「style属性」を追加するメソッド「setStyle」

```
static setStyle(eDOM:ElmDOM, name:string, value:string){
  let styleStr="";
  if(eDOM.elm.style){
    styleStr = eDOM.elm.style.cssText;
  }
  eDOM.elm.setAttribute("style",
  styleStr+this.createStyle(name, value));
}
```

●特定の「スタイル」を設定するメソッド

最低限の「スタイル」の設定はこれで可能ですが、表現を簡単にするために、「サイズ」や「色」など、よく使われる「スタイル」を専門に設定するメソッドを

作っておきましょう。

＊

リスト7-49に示すメソッド「setSize」では、引数「size」を数値で入力すれば、単位「"px"」をつけた文字列に変換してスタイル文が作られます。

【リスト7-49】サイズ専門のメソッド「setSize」

```
static setSize(eDOM:ElmDOM,name:string, size:number){
  this.setStyle(eDOM, name, size.toString()+"px");
}
```

同じく、リスト7-50のメソッド「setBackgroundColor」では、スタイルの項目が「background-color」に決まっているので、「色の名前」だけを引数に取ります。

【リスト7-50】背景色専門のメソッド「setBackgroundColor」

```
static setBackgroundColor(eDOM:ElmDOM, colorexpress:string){
  this.setStyle(eDOM, "background-color", colorexpress);
}
```

● 「StyleSetter」の働きを覆い隠す

「DivDOM」などのオブジェクトを作るたびに、このクラス「StyleSetter」を呼び出すのは煩雑です。

そこで、要素を表わすクラス「ElmDOM」の定義に、新たに「setStyle」などのメソッドを定義し、その中にクラス「StyleSetter」の働きを隠してしまいます。

リスト7-51を、クラス「ElmDOM」の定義に加えてください。

【リスト7-51】クラス「ElmDOM」の、メソッドとしての「setStyle」など

```
setStyle(name:string, size:string){
  StyleSetter.setStyle(this, name, size);
}

setSize(name:string, size:number){
  StyleSetter.setSize(this, name, size);
}

setBackgroundColor(colorexpress:string){
  StyleSetter.setBackgroundColor(this, colorexpress);
}
```

[7-4] 「スタイル」と「アニメーション」

リスト7-51は地道な作業です。
　フレームワークのAPIにはこうした地道なメソッドの定義作業が多くあります。
　自分でフレームワークを作るときや、他の人が作ったフレームワークを読み解くときの参考にしてください。

● 「セルの余白」を設定

　では、テーブルの「セルの余白」を調整する記述をします。
　「各行」の余白も、「padding-bottom」（下側の余白）をすべて同じにすれば表現できます。

*

　編集するのは、フォルダ「tablestyle」の「tscode.ts」で定義されている、クラス「TableRowDOM」の定義です。
　メソッド「addCol」中の変数「td」について、リスト7-52のようにメソッド「setSize」を用います。

【リスト7-52】「TableRowDOM」のメソッド、「addCol」内の編集

```
addCol(content:string){
  let td = new ElmDOM("td");
  td.addText(content);

  //ここから追加
  td.setSize("padding-left", 10);
  td.setSize("padding-right", 20);
  td.setSize("padding-bottom", 10);
  //ここまで

  this.addChild(td);
}
```

● 「行の色」を設定

　「各行の色」を設定するには、テーブル全体を記述するクラス「TableDOM」の定義を変更します。
　属性として、「行の数」を保持する「rowcounter」を追加し、コンストラクタで「0」にしておきます。

第7章　「TypeScript」でWebアプリ

【リスト7-53】「TableDOM」の属性、「rowcounter」を作成

```
class TableDOM extends ElmDOM{
  rowcounter:number;  //属性追加
  constructor(){
    super("table");
    this.rowcounter = 0;  //ゼロにしておく
  }
  //メソッドaddTableRowの定義
}
```

　定義ずみのメソッド「addTableRow」に、色をつける処理は書かないでおきましょう。

　「色をつけない表」を作りたいときがあるからです。

　代わりに、新しいメソッド「addTableRowInStripe」を作ります。

　これはシマシマにしたいときに呼ぶメソッドなので、必ず引数として「色の名前」を2つ渡すようにします。

【リスト7-54】シマシマの行を追加する「addTableRowInStripe」

```
addTableRowInStripe(row:TableRowDOM, color1:string,
color2:string){
  let colorExpress=color1;  //偶数列（0から数えて）
  if(this.rowcounter%2==1){  //奇数列
    colorExpress = color2;
  }
  row.setBackgroundColor(colorExpress);
  this.addTableRow(row);
  this.rowcounter++;
}
```

　　　　　　　　　　　　　　＊

　以上で、クラスの定義の編集は終わりです。

●トップレベルの処理

　トップレベルで、「TableDOM」のオブジェクト「birdTable」に対する処理を変更します。

　リスト7-26で用いた「addTable」の代わりに、「addTableRowInStripe」を用います。

[7-4] 「スタイル」と「アニメーション」

【リスト7-55】メソッド「addTableRowInStrip」で行を追加

```
for (let row of birdTableData){
  birdTable.addTableRowInStripe(
  TableRowDOM.createFromArray(row), "#f0f8ff", "#b0c4de");
}
```

ビルドして、フォルダ「tablestyle」の「show.html」をブラウザで開きます。テーブルのスタイルが、図7-11のように整っていることを確認してください。

■ アニメーション

●「オブジェクト指向」的でないJavaScriptの「アニメーション」

JavaScriptの古典的な「アニメーション」の記述は、「オブジェクト指向」的ではありません。

図7-12に示すコードはその一例です。

変数「movingText」で取得した、「div」要素の「padding-left」属性を徐々に増やすことで、要素の中身が左から右に移動するように見せる書き方です。

この「アニメーション」の記述では、関数「setInterval」の戻り値「animationId」が、「setInterval」に渡した引数「func」の中で用いられ、2つの関数が相互に依存しています。

```
button.onclick = function(){
    var movingText = document.getElementById("text");
    var padding = 0;
    var animaitonId = setInterval(slide, 10);
    function slide(){
        if(padding == 100){
            clearInterval(animationId);
        }else{
            padding++;
            movingText.setAttribute(
                "style", "padding-left:"+padding+"px;");
        }
    }
};
```

図7-12　JavaScriptのアニメーション記述

第7章 「TypeScript」でWebアプリ

●「TypeScript」で「アニメーション」を記述

図7-12に示したような構造を「TypeScript」で分解することはやめて、これまで作ったクラス「ElmDOM」や「StyleSetter」を用いて、書くだけにしておきます。

フォルダ「tableStyle」をコピーして、フォルダ名を「simpleanimation」にします。
そして、フォルダを開き、「tscode.ts」を編集していきます。

＊

まず、クラス「TableRowDOM」と「TableDOM」の定義を消去します。
そして、**リスト7-56**のクラス「AnimationField」を定義します。
これは単純に、動く（ように見せる）要素を置く場所です。

【リスト7-56】クラス「AnimationField」を定義

```
class AnimationField extends DivDOM{
  constructor(colorexpress?:string){ //色の設定をしてもいい
    super();
    if (colorexpress){
      this.setBackgroundColor(colorexpress);
    }
  }
  addMovingObject(objDOM:ElmDOM):AnimationField{
    this.addChild(objDOM);
    return this; //自分自身を戻す
  }
}
```

＊

動くテキストを与えるクラス、「MovingTextDOM」を定義します。
「動く」ためには、このオブジェクトのスタイル「padding-left」は、「追加」ではなく「書き換わらなければ」なりません。
そのため、別途メソッド「move」を定義します。

【リスト7-57】クラス「MovingTextDOM」とメソッド「move」

```
class MovingTextDOM extends DivDOM{
  move(distance:number){
    this.elm.style.paddingLeft = distance+"px";
  }
}
```

＊

[7-4] 「スタイル」と「アニメーション」

クラス「AnimationButton」を定義します。
コンストラクタの引数「movefunc」に、「アニメーション」に必要な関数を渡します。

【リスト7-58】クラス「AnimationButton」を定義
```
class AnimationButton extends ElmDOM{
  constructor(textStr:string, movefunc:()=>void){
    super("button");
    this.addText(textStr);
    this.elm.onclick = movefunc;
  }
}
```

以上で、クラスの定義は終了です。

＊

トップレベルの処理は以下の通りです。
まず、**リスト7-59**にその構造を示すので、確認してください。

【リスト7-59】トップレベルの処理の構造
```
let button = new AnimationButton(
  "押してください", //ボタンの表示文字列
  function(){        //movefuncに渡す関数
    //[1]アニメーションにして見せる要素を作成
    //[2]アニメーションに必要な変数の定義
    //[3]setIntervalを呼び出す
    //[4]setIntervalの引数に渡す関数の定義
  }
);
button.addToBody();
```

リスト7-58で引数「movefunc」に渡すのは、「ある関数をアニメーションで実行する」という関数です。
その関数名を「slide」にして、関数の中身を書いてみましょう。

---

[1]「アニメーション」にして見せる要素の作成

「アニメーション」にして見せる要素は、クラス「MovingText」のオブジェクトです。
変数名を、「movingText」にします。

第7章 「TypeScript」でWebアプリ

【リスト7-60】「アニメーション」にして見せる要素を作成

```
let movingText = new MovingTextDOM("こんなふうに動きます");
```

＊

「movingText」をクラス「AnimationField」のオブジェクト(1度しか出てこないので無名でよい)の子要素にします。

【リスト7-61】背景となる「div」要素の子要素に

```
new AnimationField("yellow"). //黄色い背景で
  addMovingObject(movingText).//movingTextを置く
  addToBody();
  //戻り値はAnimationField自身なので、そのまま配置
```

[2]「アニメーション」に必要な変数の定義

「アニメーション」に必要なのは、「movingText」のメソッド「move」に渡す引数の大きさです。

これは、以後定義する関数「slide」の外側に定義しなければなりません。変数名を「distance」とします。

【リスト7-62】「movingText.move」の引数に渡す変数

```
let distance = 0;
```

[3]「setInterval」を呼び出す

メソッド「setInterval」を呼び出します。

引数は関数名「slide」と、「アニメーションの時間間隔」(ミリ秒)です。

戻り値を、変数名「animationId」で受け取ります。

【リスト7-63】「setInterval」を呼び出し、戻り値を受け取る

```
let animationId = setInterval(slide, 10);
```

[4]「setInterval」の引数に渡す、関数「slide」の定義

リスト7-63で「setInterval」に渡した関数名「slide」の内容を記述します。

この中に外部の変数「distance」と、また「animationId」が再帰的に使われているのに注意してください。

「distance」の値が「100」になるまで、「distance」が1ずつ増えてはスタイル

を書き換えます。

【リスト7-64】関数「slide」の定義

```
function slide(){
  if(distance >= 100){
    clearInterval(animationId);
  }else{
    distance++;
    movingText.move(distance);
  }
}
```

リスト7-59のコメントを入れたところに、リスト7-60～リスト7-64を順番に書きます。

*

書き終わったら、ビルドして、フォルダ「simpleanimation」の「show.html」をブラウザで開いてください。

「押してください」のボタンを押すと、黄色い背景の中を「こんなふうに動きます」という文字が左端から滑るように移動し、図7-13のような位置で止まります。

図7-13 「アニメーション」が完了したところ

以上、簡単な「アニメーション」の記述でした。

第7章 「TypeScript」でWebアプリ

7-5 「キャンバス」への2D描画

■「HTML+JavaScript」による書き方

「キャンバス」への2D図形描画は「HTML5」の仕様ですが、HTMLだけで書くのではなくJavaScriptの記述が必要です。

HTMLでは、「canvas」という要素を書きます。

JavaScriptの「document.createElement」で書くこともできます。

【リスト7-65】HTMLで書くのは「canvas」要素

```
<canvas id="thiscanvas" width="400" height=300 style="background-color: #ffffe0;"></canvas>
```

重要なのは、「描画コンテキスト」と呼ばれるオブジェクトです。

JavaScriptでは、リスト7-66のように取得します。

【リスト7-66】キャンバスの「描画コンテキスト」

```
var canvas = document.getElementById("thiscanvas");
var ctx= canvas.getContext("2d");
```

「描画コンテキスト」とは、このキャンバスの上に描画するための情報をもったオブジェクトです。

以後、このオブジェクト「ctx」について描画の命令をすれば、このキャンバス上の「座標情報」に従って、描画されます。

*

たとえば、リスト7-67は「線」を一本引く描画命令です。

キャンバスそのものがWebページ上のどこにあっても、引数の値はそのキャンバス上の座標として受け取られ描画されます。

【リスト7-67】「線」を一本引く命令

```
ctx.moveTo(0,0); //キャンバス上の座標
ctx.lineTo(100, 200);
ctx.stroke();
```

[7-5] 「キャンバス」への2D描画

この「描画コンテキスト」という、いまいち意味不明なものは、プログラムの書き方としては奇妙です。

＊

そこでこれを隠して、たとえば**リスト7-68**のような形になるように「TypeScript」を書いていきましょう。

【リスト7-68】これなら納得がいく
```
canvas = new Canvas(600,400);
canvas.drawLine(0,0,100,200);
```

これまでもHTMLの要素をTypeScriptで書き出してきましたが、思い切って「キャンバス」に特化したプログラムを最初から書くことにします。

＊

フォルダ「test1」をコピーしてフォルダ名を「canvas1」にします。
このフォルダを開いて、中の「tscode.ts」を書き換えていきましょう。

■「キャンバス」の描画

●クラス「GraphCanvas」と属性「canvasElm」

「キャンバス」を描画するクラス名を、「GraphCanvas」とします。
なぜなら、次ページ**図7-14**のような「グラフの描画」に注目して、メソッドを定義していくからです。

そこで、まずクラスの定義の枠組みを作り、その中に最も基本的な属性のひとつ、「canvasElm」を宣言します。
リスト7-69の通りです。

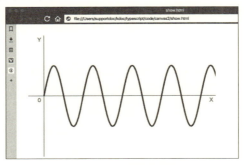

図7-14　グラフ描画専門に

第7章 「TypeScript」でWebアプリ

【リスト7-69】クラス「GraphCanvas」

```
class GraphCanvas{
  canvasElm:HTMLCanvasElement;
  //属性もメソッドも増やしていく
}
```

リスト7-69で、「canvasElm」はHTML上の要素「canvas」のデータを保持します。

「canvasElm」のデータ型に注目してください。「HTMLCanvasElement」です。

「VSCode」では、「コード補完リスト」から選ぶことができます。

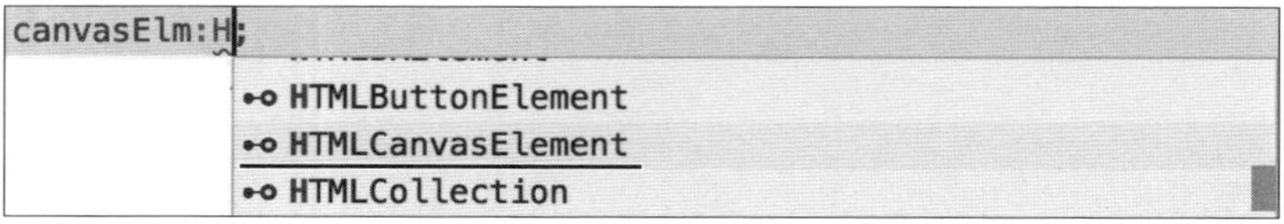

図7-15　HTMLCanvasElement

このデータ型にしておくと、「canvasElm」に対して、「width」や「height」を属性として直接呼び出すことができます。

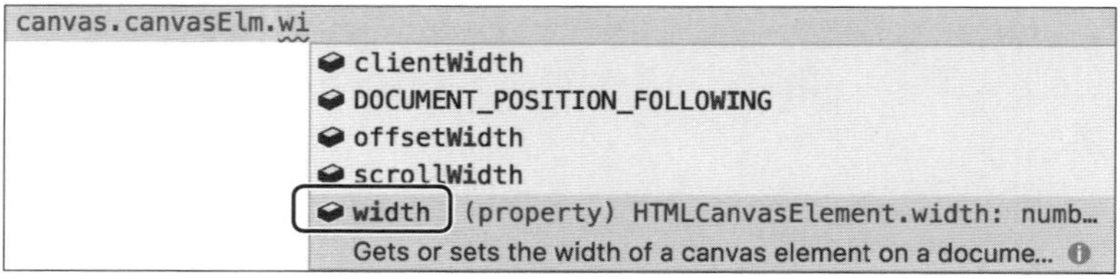

図7-16　属性「width」を直接呼び出す

これまでのように「HTMLElement」のデータ型にすると、「width」というデータ型はリスト7-70のように、新しく与えなければなりません。

【リスト7-70】データ型を「HTMLElement」にした場合（見るだけ）

```
canvas.canvasElm.setAttribute("width", "300");
```

リスト7-70は、いま編集しているファイルには書きません。
参考として、見るだけにしておいてください。

[7-5] 「キャンバス」への 2D 描画

●ファクトリ・メソッド

では、実際に「キャンバス」オブジェクトを生成するメソッドを書きましょう。

オブジェクトの作成には、コンストラクタではなく「ファクトリ・メソッド」を使いたいと思います。

なぜなら、以降で五月雨式に属性を増やしていくからです。

＊

リスト7-71のメソッド「createCanvas」を、リスト7-69で「属性もメソッドも増やしていく」とコメントした部分に書いてください。

【リスト7-71】ファクトリ・メソッド「createCanvas」

```
static createCanvas(width:number, height:number):GraphCanvas{
  let canvas = new GraphCanvas();

  //canvas要素を新規作成
  canvas.canvasElm = document.createElement("canvas");

  //数値を代入できる
  canvas.canvasElm.width=width;
  canvas.canvasElm.height=height;

  //色は決めてしまう
  canvas.canvasElm.style.backgroundColor = "#ffffe0";

  return canvas;
}
```

リスト7-71は、「static」なメソッドです。

このメソッドでは、「GraphCanvas」のオブジェクトを作ります。

属性「canvasElm」には、HTMLの要素「canvas」を新規作成して与え、必要最低限の設定をします。

「canvasElm」のデータ型が「HTMLCanvasElement」なので、属性「width」と「height」を直接呼び出して、かつ「文字列」ではなく「数値」をそのまま代入できます。

なお、キャンバスの色は「薄い黄色」に決めてしまいました。

＊

ファクトリ・メソッド「createCanvas」の戻り値は、クラス「GraphCanvas」のオブジェクトです。

新規作成された要素は、その属性「canvasElm」です。

第7章 「TypeScript」でWebアプリ

●描画メソッド

「ファクトリ・メソッド」で作ったキャンバスを画面に表示するメソッド、「draw」を定義します。

メソッド「createCanvas」の後に、**リスト7-72**を書きましょう。

【リスト7-72】描画メソッド「draw」
```
draw(){
  document.body.appendChild(this.canvasElm);
}
```

キャンバスを置くのに必要なクラスの定義は、ここまでです。

●トップレベルの処理

トップレベルに、**リスト7-73**のように書けば、とにかくキャンバスを描画できます。

【リスト7-73】トップレベルで描画する
```
let canvas = GraphCanvas.createCanvas(400,300);
canvas.draw();
```

*

以上の必要な記述が終わったら、ビルドして「canvas1」の「show.html」をブラウザで開いてみましょう。

大きさが「400×300px」の「薄い黄色の長方形」が表示されます。

■ 線を描画するテスト

●「描画コンテキスト」を属性に

このキャンバスに、「線」を一本描画するテストをします。

*

まず必要なのは、「JavaScript」の場合は**リスト7-66**のように取得する、「描画コンテキスト」の属性です。

クラス「GraphicCanvas」の属性として、「ctx」を**リスト7-74**のように宣言してください。

[7-5]「キャンバス」への2D描画

【リスト7-74】属性「ctx」を宣言

```
ctx:CanvasRenderingContext2D;
```

属性「ctx」のデータ型は、「CanvasRenderingContext2D」です。
「VSCode」のコード補完を利用してください。

```
canvasElm:HTMLCanvasElement;
ctx:Ca
    •o CanvasPattern
    •| CanvasRenderingContext2D    interface CanvasRende…
    ⓥ captureEvents
    ≣ case
    ≣ catch
```

図7-17　データ型「CanvasRenderingContext2D」

＊

属性「ctx」に値を入れる処理は、メソッド「createCanvas」に書きます。
メソッドの内容に、**リスト7-75**を書き足してください。

【リスト7-75】メソッド「createCanvas」に書き足す

```
canvas.ctx = canvas.canvasElm.getContext("2d");
```

●描画メソッド「drawLine」

描画メソッド「drawLine」を、**リスト7-76**のように書きます。
このメソッドは、後から書いていく「グラフの軸」や「曲線」を描くメソッドの基本になるので、なるべく簡単に書きます。

【リスト7-76】最も基本的な描画メソッド「drawLine」

```
drawLine(fromx:number, fromy:number,
        tox:number, toy:number):GraphCanvas{

  this.ctx.beginPath();  //新しいブラシを用いる感じ

  //始点へ
  this.ctx.moveTo(fromx, fromy);

  //終点まで線を引く
  this.ctx.lineTo(tox, toy);

  this.ctx.stroke();   //描画を実行
  return this;   //自身を戻す
}
```

第7章 「TypeScript」でWebアプリ

*

以上、キャンバスに「線」を引くために、クラス「GraphCanvas」の定義を編集しました。

●トップレベルで「線」を引く

トップレベルを、**リスト7-77**のように書き換えます。
リスト7-73の「canvas.draw()」内に加筆してください。

【リスト7-77】メソッド「drawLine」を、トップレベルで使う

```
canvas.drawLine(0,0,100, 200).draw();
```

再ビルドして、フォルダ「canvas1」の「show.html」をブラウザで開きます。
キャンバスに、「線」が一本引かれていることを確認してください。

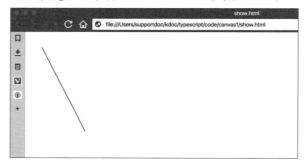

図7-18 「線」が引かれた

なお、HTML5のキャンバスにおいては、左上が「原点」で、Y座標は下にいくほど大きくなります。
そこで、この後の解説で、メソッドでY座標が「上向き」になるように補正します。

*

以上、フォルダ「canvas1」は基本的な描画テストのプロジェクトということで、このままにしておきます。

フォルダ「canvas1」をコピーして、フォルダ名を「canvas2」にします。
このコピーされたフォルダを開いて、「tscode.ts」の内容をさらに加筆していきましょう。

[7-5] 「キャンバス」への 2D 描画

■「X軸」と「Y軸」を引く

●「原点」を決定する属性

　クラス「GraphCanvas」に、グラフの「原点」を決定する2つの属性「zerox」「zeroy」を追加します。

【リスト7-78】属性「zerox」「zeroy」

```
zerox:number;
zeroy:number;
```

●「X軸」「Y軸」を引くメソッド

　これらの属性に値を与える処理は、「createCanvas」には書きません。

　最初にキャンバスを作る段階で、多くの引数を考えなければならないのは大変だからです。

　一方、「原点」を決めるならば、「X軸」「Y軸」を引くのが当然です。

　ですから、メソッド「drawXAxis」と「drawYAxis」をそれぞれ定義し、その中で「zerox」と「zeroy」に値を与えることにします。

　具体的には、以下のように決めます。

・「zerox」は、キャンバスの左端とY軸との距離。
・「zeroy」は、キャンバスの上端とX軸との距離。

　軸を描くときには、「X軸を引くときにY軸の位置を決める」「Y軸を引くときにX軸の位置を決める」ので注意しなければなりません。

　こんがらかる話ですが、「X軸」を引くのに必要な「X座標」は、「0」と「キャンバスの幅」であり、「Y軸」を引くのに必要な「Y座標」は、「0」と「キャンバスの高さ」だからです。

　図7-19で確認してください。

第7章 「TypeScript」でWebアプリ

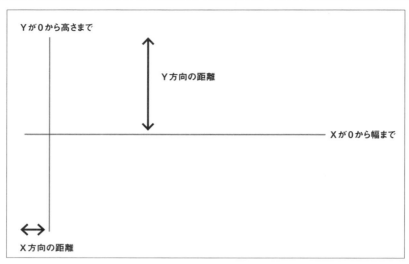

図7-19 「X軸」には「Y軸の高さ」、「Y軸」には「X軸の幅」が必要

このことを考慮に入れて、**リスト7-79**のようにメソッド「drawXAxis」を定義します。

【リスト7-79】メソッド「drawXAxis」

```
drawXAxis( zeroy:number):GraphCanvas{

  this.ctx.lineWidth=1; //線の太さ
  this.ctx.strokeStyle="#0000ff";   //線の色

  this.zeroy = zeroy; //上端からY軸までの距離
  let realzeroy
     = this.canvasElm.height-this.zeroy //Y座標変換

  this.drawLine(0, //キャンバスの左端
    realzeroy,
    this.canvasElm.width, //キャンバスの右端
    realzeroy);

  return this; //キャンバス自身を戻す
}
```

リスト7-79のメソッド「drawXAxis」は、「Y座標」を変換する必要があったので、やや複雑でした。

[7-5] 「キャンバス」への2D描画

リスト7-80のメソッド「drawXAxis」は、もっと簡単です。

「X座標」を変換する必要はありませんし、「Y座標」はどっちが0でどっちがキャンバスの高さでも、結局、線が引かれるのは同じだからです。

【リスト7-80】メソッド「drawYAxis」

```
drawYAxis(zerox:number):GraphCanvas{

  //線の太さと色（X軸と同じ）
  this.ctx.lineWidth=1;
  this.ctx.strokeStyle="#0000ff";

  this.zerox =zerox;  //左端からX軸までの距離
  this.drawLine(this.zerox, 0,  //キャンバスの上端
  this.zerox, this.canvasElm.height);   //キャンバスの下端

  return this;   //キャンバス自身を戻す
}
```

●トップレベルの処理

メソッド「drawXAxis」も「drawYAxis」も、「GraphCanvas」のオブジェクト自身を戻すようにしてあります。

したがって、これらのメソッドをトップレベルで呼び出すときも、メソッド「draw」を呼び出す前に、割り込んで書くことができます。

【リスト7-81】「draw」を呼び出す前に、メソッドを2つ呼び出す

```
canvas.drawXAxis(200).drawYAxis(50).draw();
```

■ グラフの「曲線」を書く

●キャンバス上での位置を補正

いよいよ、グラフの「曲線」を書きます。

そのためには、計算で出た値「x」「y」を、キャンバス上の「座標」に変換する補正のメソッドが必要です。

必要な操作は、以下の通りです。

①値が「小数」であれば、「整数」になるように丸める。
②X座標は、「zerox」(左端からY軸までの距離)に、「x」の値を加える。
③Y座標は、「zeroy」(上端からX軸までの距離)から、その「y」の値を差し引く。

第7章 「TypeScript」でWebアプリ

*

以上の操作をする補正メソッド「realX」と「realY」を、**リスト7-82**のように定義します。

【リスト7-82】座標の補正メソッド「realX」と「realY」

```
realX(x:number):number{
  return this.zerox+Math.round(x);
}
realY(y:number):number{
  return this.zeroy-Math.round(y);
}
```

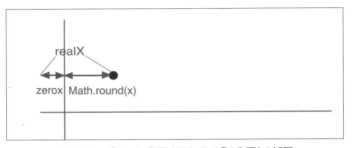

図7-20　グラフに表示するための「X座標」の補正

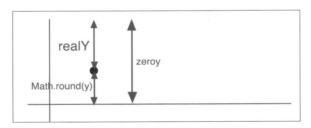

図7-21　グラフに表示するための「Y座標」の補正

● 「x」と「func(x)」の関係をプロットする「drawFunc」

いよいよ、値「x」と関数の戻り値「func(x)」の関係をプロットするメソッド、「drawFunc」を定義します。

リスト7-83の通りです。

[7-5] 「キャンバス」への2D描画

【リスト7-83】メソッド「drawFunc」

```
drawFunc(func:(x:number)=>number, xmin:number, xmax:number):
GraphCanvas{

  this.ctx.lineWidth=4;  //線の太さと色を決める
  this.ctx.strokeStyle="#800000";

  let x = xmin;
  while(x <= xmax){
    this.drawLine(
    this.realX(x), this.realY(func(x)),//始点
    this.realX(x+1), this.realY(func(x+1)));  //終点
    x++;
  }
  return this;
}
```

メソッド「drawFunc」は、値が関数である「func」を引数に取ります。

■「ラベル」を置く

●キャンバスにテキストを置くメソッド「putText」

X軸やY軸に「X」「Y」「0」などの「ラベル」を置くために、まずキャンバスにテキストを置く最も基本的なメソッド、「putText」を定義します。

【リスト7-84】関数「putText」

```
putText(textStr:string, size:number,posx:number, posy:number):
GraphCanvas{
  this.ctx.beginPath();   //ブラシを新しくする感じ
  this.ctx.font=size+"px"; //フォントの大きさ
  this.ctx.strokeText(textStr, posx, posy); //テキストを描画

  return this;
}
```

●決まった位置に「ラベル」を置く、「putBasicLabel」

メソッド「putBasicLabel」を用いて、決まった位置(X軸、Y軸、原点の各付近)に「ラベル」を置く専用のメソッド、「putBasicLabel」を作ります。

【リスト7-85】メソッド「putBasicLabel」

```
putBasicLabel():GraphCanvas{
  let size = 16;  //フォントサイズも固定
```

第7章 「TypeScript」でWebアプリ

```
    this.ctx.strokeStyle="#ff0000"; //色は赤
    this.putText("X", size, this.canvasElm.width-20,//右端近く
                 this.realY(-20)); //X軸のちょっと「下」
    this.putText("Y", size,
                 this.realX(-20), //Y軸のちょっと「左」
                 20);//上端近く
    this.putText("0", size, this.realX(-20), this.realY(-20));
                 //原点のちょっと「左」で「下」
    return this;
}
```

■「関数のグラフ」を描いてみよう

●メソッド「drawFunc」に関数を渡す

トップレベルでメソッド「drawFunc」の引数に関数を渡し、グラフを描いてみましょう。

*

トップレベルの変数「canvas」の大きさを(600, 400)にして、**リスト7-86**のような処理をします。

【リスト7-86】トップレベルで変数「canvas」を処理

```
let canvas = GraphCanvas.createCanvas(600, 400);
canvas.drawXAxis(200).drawYAxis(50)
.putBasicLabel()
.drawFunc(
  function(x:number):number{return 100*Math.sin(x/20);}, 0, 600
)
.draw();
```

ビルドして、「canvas2」の「show.html」をブラウザで開きます。
図7-14に示したような表示が得られることを、確認してください。

*

「HTML+JavaScript」で書くWebアプリを、「TypeScript」でよりオブジェクト指向的に整理して書くことができました。

ただし、本章の例は一例であり、必ずしもこのように書かなければいけないという仕様ではありません。

「TypeScript」の仕様は少なく、適宜JavaScriptと併用できますから、みなさんの創造性を発揮して、より書きやすいプログラムに挑戦してください。

別の「TypeScript」ファイルを参照

本書では、必要な内容をすべて「tscode.ts」という1つのファイルに書きましたが、ファイルを複数に分けて参照する方法を紹介します。

第8章 別の「TypeScript」ファイルを参照

8-1 ファイルを直接参照する

■ クラス「ElmDOM」と「DivDOM」の定義を別ファイルに

●「tscode.ts」を別ファイルにコピー

第7章で、クラス「ElmDOM」とそのサブクラス「DivDOM」という2つのクラスの定義を使って、さらに「ボタン」「テーブル」「ラジオ・ボタン」などを記述するいろいろな「TypeScript」ファイルを書きました。

しかし、この2つのクラスの定義だけでもずいぶん長いので、プログラムが見づらいと思います。

そのような場合には、これらを別ファイルに書いて、それぞれのアプリの固有の記述と切り離したほうが、見やすくなります。

そこで、いままでずっと使ってきたフォルダの構造を変更してみましょう。

例として、フォルダ「form3」をコピーして名前を「module1」にします。
そして、「VSCode」でフォルダ「module1」を開きます。

しばらくはコードのほうに「エラーの赤線」が表示されますが、直していくので、気にしないでください。

*

まず、唯一の「TypeScript」ファイルである「tscode.ts」を、同じ位置にコピーして、名前を「domclass.ts」にします。

「VSCode」の「エクスプローラ」上でファイル「tscode.ts」を右クリックして「コピー」を選んでください。

図8-1 ファイルを選んでコピー

その後、エクスプローラ上の適当な余白を右クリックして、メニューから「ペースト」を選びます。

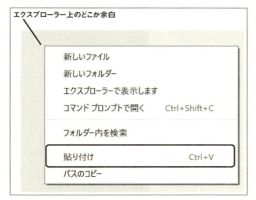

図8-2　適当な余白でペースト

●ファイル名を変更

　以上の作業で、同じ内容の2つのファイルが出来ました。
　そうなると、「tscode.ts」というファイル名にする意味が弱まります。
　そこで、1つを「main.ts」、もう1つを「domclass.ts」に変更します。

　ファイル名の変更も、エクスプローラ上で該当ファイルを右クリックして、メニューから選べます。

図8-3　名前変更

第8章 別の「TypeScript」ファイルを参照

●ファイルの内容を分ける

ファイルの内容を2つに分けます。

「domclass.ts」には、クラス「ElmDOM」と「DivDOM」の定義だけを残して、後は消去します。

一方、「main.ts」からは、クラス「ElmDOM」と「DivDOM」を消去します。
そこで、クラス「ButtonDOM」の定義からが、「main.ts」の内容になります。

●「main.ts」から「domclass.ts」を参照

「main.ts」の最初に、「domclass.ts」を参照するためのコメントを**リスト8-1**のように書きます。

【リスト8-1】他のファイルを参照

```
///<reference path ="domclass.ts"/>
class ButtonDOM extends ElmDOM{ //「main.ts」に残した部分
  .....
```

これで「main.ts」「domclass.ts」のいずれにもエラーが出なくなります。

＊

ビルドして、フォルダ「module1」の「show.html」をブラウザで開き、表示を確認してください。

「form3」と同じ結果になります。

8-2 「モジュール」にする

■ 「domclass.ts」を「モジュール・ファイル」にする

●「export」キーワードをつける

ファイルを直接参照するのではなく、「domclass.ts」ファイルを「モジュール・ファイル」にする方法も行なってみましょう。

やや手間がかかりますが、ファイルが「ライブラリである」ことがハッキリします。

*

フォルダ「module1」をコピーして、名前を「module2」にします。
このフォルダの、「domclass.ts」と「main.ts」を編集します。
この方法でも、ファイルや設定が揃うまでエラーが出ますが、気にしないでください。

まず、「domclass.ts」のクラス「ElmDOM」と「DivDOM」の定義の最初に、それぞれ「export」というキーワードをつけます。

【リスト8-2】「domclass.ts」のクラス定義に、キーワード「export」

```
export class ElmDOM{
  .....
}
export class DivDOM extends ElmDOM{
  .....
}
```

■ 「main.ts」で「モジュール・ファイル」を読み込む

●「import」宣言をする

一方、「main.ts」からは、リスト8-1のコメントを再び消去します。
その代わりに、リスト8-3のような「import」の宣言をします。

【リスト8-3】「import」の宣言

```
import {ElmDOM, DivDOM} from "./domclass";

class ButtonDOM extends ElmDOM{ // 「main.ts」に残した部分
  .....
```

第8章 別の「TypeScript」ファイルを参照

　リスト8-3では、クラス名「ElmDOM」と「DivDOM」は同じファイル「domclass.ts」から読み込むので、波括弧の中にカンマ区切りで列記します。

　また、「domclass.ts」が「main.ts」と同じフォルダにあることを、「./」で表わしています。

＊

　「TypeScript」ファイルの編集はこれで終わりですが、「domclass.ts」のほうにエラーが出ています。これから作業が必要なのです。
　コンパイルしてJavaScriptを作り、かつHTMLファイルで読み込むために以下のような作業を行ないます。

■「tsconfig.json」の編集

●「module」オプションが必要

　第2章から変更しなかった「tsconfig.json」の内容を、変更しなければなりません。

　まず、「module」というコンパイル・オプションを追加します。
　値は「amd」です。
　これは、「Asynchronous Module Definition」(非同期のモジュール定義)という意味で、Webブラウザでモジュールとなる JavaScript を読み込むのに必要な仕組みです。

●「outFile」オプションは削除

　一方、いままで用いてきた「outFile」オプションは、削除します。
　モジュールとして書いた「TypeScript」ファイルは、別のJavaScriptファイルとして書き出されるからです。

　したがって、「tsconfig.json」の内容は、**リスト8-4**のようになります。

【リスト8-4】「モジュール・ファイル」を書き出す「tsconfig.json」

```
{"compilerOptions": {
  "module": "amd"
}}
```

[8-2]「モジュール」にする

ビルドしてください。

「main.ts」からは「main.js」、「domclass.ts」からは「domclass.js」が作られます。

■「require.js」の入手

「AMD」は、もともと「JavaScript」をモジュールとして読み込む仕組みであり、これには「require.js」というファイルが必要になります。

以下のURLが、「require.js」のダウンロードページです。

http://requirejs.org/docs/download.html

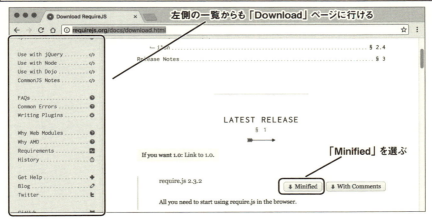

図8-4 「require.js」の入手

ダウンロードしたファイル「require.js」は、そのままフォルダ「module2」に置いてください。

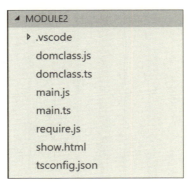

図8-5 必要なJavaScriptファイルがすべて揃った

第8章 別の「TypeScript」ファイルを参照

■「show.html」でJavaScriptを読み込む

●「モジュール・ファイル」を読む特有の書き方

最後に、このフォルダ「module2」の「show.html」を開いて編集します。

＊

<script>タグの属性を、**リスト8-5**のように書き換えます。

【リスト8-5】モジュールを読み込む特有の書き方
```
<script data-main ="main.js" src="require.js"></script>
```

リスト8-5では、モジュールの「domclass.js」を書く必要はありません。

「main.js」のほうに、モジュールを読み込む記述がなされているからです。

ただし、その記述をサポートするのは「require.js」なので、こちらのほうが属性「src」になるため、注意が必要です。

＊

以上の編集を行なった「show.html」を、ブラウザで開いて確認してください。「form3」と同じ表示結果になります。

関心のある方は、生成した「domclass.js」と「main.js」の中身を見てください。大変複雑な記述になっているのが分かるはずです。

索 引

索 引

50音順

《あ行》

- あ アニメーション …………………………… 140,147
- い インターフェイス ………………………… 35,58,60
  - インデックス ………………………………………… 47
- え エクスプローラ ……………………………………… 17
- お オブジェクト ………………………………………… 58
  - オプショナル ………………………………………… 96

《か行》

- か 型情報 ………………………………………………… 33
  - 型チェック ………………………………………… 110
  - 関数 …………………………………………………68,80
  - 関数の配列 …………………………………………… 88
- き 基本でないデータ型 ………………………………… 35
  - 基本のデータ型 ……………………………………… 35
  - キャンバス ………………………………………… 152
  - 行 …………………………………………………… 129
  - 行の色 ……………………………………………… 145
  - 曲線の描画 ………………………………………… 161
- く クラス ………………………………………………… 64
  - クラスの宣言 ………………………………………… 22
  - 　　　属性 ………………………………………… 90
  - 　　　原点 ………………………………………… 159
- け 継承 …………………………………………………… 72
- こ 子要素 ……………………………………………… 117
  - コンストラクタ ……………………………………23,69
  - コンパイラ …………………………………………… 11

《さ行》

- さ サブクラス …………………………………………… 72
- し ジェネリック型 …………………………………… 103
  - 式の埋め込み ………………………………………… 43
  - シグニチャ …………………………………………66,87
  - 四則演算 ……………………………………………… 38
  - 出力ファイル名 ……………………………………… 19
  - 小数 …………………………………………………… 37
  - 真偽 …………………………………………………… 36
- す 数値 …………………………………………………… 37
  - スーパークラス ……………………………………… 72
  - スタイル …………………………………………… 140
  - スタイル文 ………………………………………… 143
  - ストリーム ………………………………………… 120
- せ セルを増やす ……………………………………… 130
  - 線の描画 …………………………………………… 156
- そ 属性 ………………………………………………69,118
  - 属性値 ………………………………………………61,67

《た行》

- た タスクの実行 ………………………………………… 27
  - タプル ………………………………………………… 47
  - 単引用符 ……………………………………………… 41
- ち チェーン …………………………………………… 120
- て テーブル …………………………………………… 128
  - テーブルのスタイル ……………………………… 142
  - テキスト・ノード ………………………………… 117
- と 特定のスタイルを設定 …………………………… 143
  - トップレベル ……………………………………24,120

《な行》

- に 二重引用符 …………………………………………… 41

《は行》

- は 配色の変更 …………………………………………… 13
  - 配列 …………………………………………………… 44
  - 配列から行を作る ………………………………… 130
- ひ 引数 …………………………………………………… 23
  - 否定 …………………………………………………… 36
  - 表 …………………………………………………… 128
  - 描画コンテキスト ………………………………… 152
  - 表示文 ……………………………………………… 117
- ふ ファイルの直接参照 ……………………………… 166
  - ファクトリ・メソッド ………………………… 101,155
  - 複合的な型指定 …………………………………… 109
  - フラグ ………………………………………………… 49
  - プロジェクトの作成 ………………………………… 16
- へ 変数 …………………………………………………… 32
  - 変数の定義 …………………………………………… 22
- ほ ボタン ……………………………………………… 118

《ま行》

- み 未定義 ………………………………………………… 51
- め メソッド ……………………………………………… 23
  - メソッドの連続呼び出し ………………………… 120
- も 文字コード …………………………………………… 13
  - モジュール ………………………………………… 169
  - 文字列 ………………………………………………… 41
  - 戻り値 ………………………………………………… 66

《や行》

- ゆ ユニオン型 ………………………………………… 110
- よ 要素 ………………………………………………… 117
  - 余白 ……………………………………………… 141,145

《ら行》

- ら ラジオ・グループ ………………………………… 137
  - ラジオ・ボタン …………………………………… 132
  - ラベル ……………………………………………… 163
- れ 例外処理 ……………………………………………… 55
  - 列挙型 ………………………………………………… 49
- ろ ローカル変数 ………………………………………… 34
  - 論理積 ………………………………………………… 36
  - 論理和 ………………………………………………… 36

索引

アルファベット順

《A》
any ……………………………… 35,53
Array …………………………………… 35

《B》
body ………………………………… 117
boolean ……………………………… 35,36
button ……………………………… 117

《C》
canvas ……………………………… 152
const …………………………………… 34

《D》
div …………………………………… 123,136
DOM …………………………………… 118

《E》
enum ………………………………… 35

《F》
for..of ………………………………… 45

《I》
if文 …………………………………… 36

《J》
JavaScript ……………………………… 8
jscode.js ……………………………… 30

《L》
let ……………………………………… 33

《M》
Member ……………………………… 60

《N》
never ………………………………… 35,55
Node.js ………………………………… 11
npm …………………………………… 12
null …………………………………… 35,51
number ……………………………… 35,37

《O》
Object ………………………………… 54

《R》
require.js …………………………… 171

《S》
show.html ……………………………… 18
static ………………………………… 83
string ………………………………… 35
style ………………………………… 141
switch文 ……………………………… 50

《T》
tasks.json …………………………… 26
toFixed ……………………………… 82
tsconfig.json ………………………… 18
tuple ………………………………… 35
TypeScript …………………………… 8
TypeScript2 …………………………… 9

《U》
underfined ………………………… 35,51

《V》
var …………………………………… 33
Visual Studio ………………………… 9
Visual Studio Code ………………… 9,12
void ………………………………… 35,51

《W》
Webブラウザ ………………………… 14

《X》
X軸 …………………………………… 159

《Y》
Y軸 …………………………………… 159

記号・数字

${ } …………………………………… 43
16進法 ………………………………… 39
2進法 ………………………………… 41
2D描画 ……………………………… 152

■著者略歴

清水　美樹（しみず・みき）

東京都生まれ。
長年の宮城県仙台市での生活を経て、現在富山県富山市在住。
東北大学大学院工学研究科博士後期課程修了。
工学博士。同学研究助手を5年間勤める。
当時の専門は微粒子・コロイドなどの材料・化学系で、コンピュータやJavaは結婚退職後にほぼ独習。毎日が初心者の気持ちで、執筆に励む。

【主な著書】

はじめての「Ruby on Rails」5
はじめてのJRuby on Rails
はじめてのGrails
はじめてのVisual Studio Code
はじめてのAtomエディタ
はじめての「Android 5」プログラミング
SwiftではじめるiOSアプリ開発
はじめてのSwiftプログラミング
はじめてのiMovie［改訂版］
はじめてのサクラエディタ
…他30冊　　　　　　　（以上、工学社）

本書の内容に関するご質問は、
①返信用の切手を同封した手紙
②往復はがき
③FAX (03) 5269-6031
　（返信先のFAX番号を明記してください）
④E-mail　editors@kohgakusha.co.jp
のいずれかで、工学社編集部あてにお願いします。
なお、電話によるお問い合わせはご遠慮ください。

サポートページは下記にあります。

［工学社サイト］
http://www.kohgakusha.co.jp/

I/O BOOKS

はじめてのTypeScript 2

平成29年2月15日　初版発行　© 2017

著　者　　清水　美樹
編　集　　I/O編集部
発行人　　星　正明
発行所　　株式会社 工学社
　　　　　〒160-0004 東京都新宿区四谷4-28-20 2F
電話　　　(03) 5269-2041 (代) ［営業］
　　　　　(03) 5269-6041 (代) ［編集］
振替口座　00150-6-22510

※定価はカバーに表示してあります。

印刷：図書印刷（株）

ISBN978-4-7775-1992-7